L'ÉTRANGER

COLLECTION
LITTÉRATURE
FRANÇAISE

Sous la direction de Serge Provencher

L'ÉTRANGER
Albert **Camus**

Texte intégral

Présentation
Sylvie Demers
Collège de Rosemont

ERPi éducation ▸ innovation ▸ passion

5757, rue Cypihot, Saint-Laurent (Québec) H4S 1R3 ▸ **erpi.com**
TÉLÉPHONE : 514 334-2690 TÉLÉCOPIEUR : 514 334-4720 ▸ erpidlm@erpi.com

Développement de produits
Pierre Desautels

Supervision éditoriale
Jacqueline Leroux

Révision linguistique
Louise Garneau

Correction d'épreuves
Odile Dallaserra

Direction artistique
Hélène Cousineau

**Coordination de la production
et conception graphique**
Martin Tremblay

Conception de la couverture
Frédérique Bouvier

Photographie de la couverture
Plainpicture/Tim Robinson

Édition électronique
Laliberté d'esprit

Pour la protection des forêts, ce livre est imprimé sur du papier contenant 100 % de fibres recyclées postconsommation, fabriqué au Québec, certifié Éco-Logo, traité avec un procédé sans chlore et fabriqué à partir d'énergie biogaz.

100%

BIO GAZ
ÉNERGIE

RECYCLÉ
Papier fait à partir
de matériaux recyclés
FSC® C103567
www.fsc.org

Dépôt légal :
Bibliothèque et Archives nationales du Québec, 2012
Bibliothèque et Archives Canada, 2012
Imprimé au Canada

ISBN 978-2-7613-4638-2

1234567890 MI 16 15 14 13 12
20642 ABCD   ENV114

table des matières

L'étranger

L'étranger, *une œuvre incontournable*

L'étranger, d'Albert Camus, est un roman célèbre dans le monde entier. Traduit dans plus de cinquante langues, il constitue un grand succès de librairie ; on le trouve fréquemment en tête des listes des livres les plus lus, que ce soit parmi le grand public ou au sein du lectorat spécialisé. Quel est donc le secret de ce texte, qui incite le lecteur non seulement à le lire, mais surtout à le relire ?

On ne ressort pas indemne de la lecture de *L'étranger*. Dès les premières phrases, on sait que cette lecture sera singulière. Le caractère énigmatique de Meursault, le personnage principal, intrigue et ne laisse pas indifférent. Dans la première partie du roman, le personnage-narrateur s'attache à décrire les menus détails de son existence plutôt ennuyeuse de petit commis de bureau algérois. C'est pourtant cet ensemble de détails peu significatifs que l'appareil judiciaire réinterprétera systématiquement dans la deuxième partie. On comprend rapidement que cette *société-là* cherche à punir Meursault moins à cause du meurtre commis qu'en raison de son comportement non conforme aux valeurs morales communes.

L'étranger est une œuvre qui ne se laisse pas saisir aisément. Camus a fait de Meursault un être des plus énigmatiques. Davantage attaché à ses sensations qu'à ses émotions, se souciant plus du présent que de l'avenir, il ressemble à un marginal qui refuserait de se conformer aux conventions bourgeoises. Accusé d'un meurtre qu'il ne nie pas avoir commis, il mourra parce que, à l'instar d'un prisonnier politique, il refuse de mentir, de jouer le jeu des institutions juridiques de l'Algérie française. Ce système de justice coloniale accorde plus d'importance aux apparences qu'à l'obligation de rendre un verdict éclairé. Le roman déstabilise. Inlassablement, on s'interroge sur les motivations meurtrières du personnage, sur les intentions de l'écrivain, sur les prises de position politiques de l'homme. Dès qu'on croit en avoir perçu le sens, il s'échappe. *L'étranger* a le pouvoir « de provoquer une suite infinie d'interprétations qui sont comme un nuage derrière lequel il s'abrite[1] ».

Aujourd'hui, le roman n'a rien perdu de son importance dans le champ littéraire. Dans un monde où l'économie de marché mine l'autorité du pouvoir politique, son refus du mensonge semble dépassé. Dans un monde glorifiant la surconsommation et le vedettariat, Meursault a plus que jamais l'allure d'un « perdant ». Il ne revêt pas les habits des ambitieux. En poussant jusqu'au bout la logique de sa conduite, en le menant à la mort parce qu'il refuse de mentir, Camus en a fait un personnage déconcertant. Parce qu'il rejette le prêt-à-penser, les émotions préfabriquées, Meursault nous tend peut-être un miroir qui reflète le jeu des apparences d'un monde absurde. Et cela, certes, est dérangeant... Qui sait? Meursault est peut-être simplement en train de nous montrer que *l'étranger*, au fond, c'est nous...

---

1. Bernard PINGAUD. L'étranger *d'Albert Camus*, Paris, Gallimard, Folio, 1992, p. 19.

L'Algérien et l'humaniste

1957, Stockholm, Suède. Albert Camus s'apprête à recevoir le prix Nobel de littérature. C'est une récompense prestigieuse ; en fait, ce prix couronne l'œuvre de toute une vie. À 44 ans, il en est l'un des plus jeunes récipiendaires. Cependant, il lui est difficile de se réjouir. Alors qu'il recevra ce grand honneur, l'Algérie, sa patrie, est aux prises avec une guerre dont on n'entrevoit pas la fin.

Lors d'un débat organisé à l'université de Stockholm, un étudiant algérien lui demanda pourquoi il ne militait pas pour l'indépendance du pays. Tandis qu'Alger, la capitale, était la cible d'attentats meurtriers, Camus lui répondit : « J'ai toujours condamné la terreur. Je crois à la justice, mais je défendrai ma mère avant la justice. » L'Algérie, pour Camus, ne représente pas uniquement la terre qui l'a vu naître et où sa famille continue d'habiter ; c'est l'endroit où se trouvent ses racines. Il cherche encore une issue pacifique au conflit violent qui oppose les défenseurs de l'Algérie française et ceux qui souhaitent voir la colonie devenir indépendante. Camus, lui, prend partie d'abord et avant tout pour l'être humain.

Parler d'Albert Camus, c'est inévitablement parler de l'Algérie, non seulement parce que l'auteur est algérien, mais parce qu'il aime profondément ce pays et que, dans *L'étranger,* Alger n'est pas qu'un simple décor. À travers l'étude de l'œuvre et de la vie de cet écrivain, on comprendra qu'« on ne naît pas humaniste, on le devient ».

L'Algérie et la colonisation française

Située en Afrique du Nord, l'Algérie est un pays du Magreb. Toutefois, ce n'est pas en raison de son climat exceptionnel, gorgé de soleil méditerranéen – et que Camus a tant aimé –, que l'Algérie deviendra une colonie française en 1830 et qu'elle le restera jusqu'en 1962. Au XIXe siècle, les raisons qui poussent un pays tel que la France à en envahir un autre sont multiples et variées : elles peuvent être notamment d'ordre économique, politique, militaire. En ce qui concerne l'Algérie, un différend politique en est le prétexte. La France refusait de payer une dette au dey qui dirigeait l'Algérie à ce moment-là, ce qui se solda par un conflit armé.

Débutant en 1830, la conquête et l'annexion de ce pays à la République française seront institutionnalisées, en 1848, par la création des départements français d'Algérie. La colonisation de l'Algérie par la France commencera donc par un conflit d'une grande violence[1] et se poursuivra, lentement mais sûrement, par la mise en place d'une nouvelle gestion politique, militaire et économique du pays. Il va sans dire que les institutions du pays sont dirigées désormais par l'élite coloniale. Cependant, pour que la conquête d'un pays soit totale, il ne suffit pas qu'il y ait des gens capables de diriger ; il faut aussi des paysans et des ouvriers.

Ainsi, la conquête de l'Algérie se concrétisera grâce à une politique de peuplement et d'assimilation. Malgré les idées reçues, les populations qui émigrent en Algérie pendant la période coloniale ne sont pas uniquement françaises. D'autres Européens[2] (notamment des Espagnols et

---

1. Benjamin STORA. *Histoire de l'Algérie coloniale (1830-1954)*, nouv. éd., Paris, La Découverte, 2008, p. 12-24.
2. En 1954, on estime que la moitié des Européens d'Algérie sont d'origine française ; les autres ont des origines diverses (Espagnols, Italiens, Maltais, etc.).

des Maltais) tenteront de s'y assurer un avenir meilleur. C'est dans ce contexte qu'arrivent les ancêtres d'Albert Camus : d'origine française (du côté paternel) et espagnole de l'île de Minorque (du côté maternel), ils vinrent s'installer en Algérie avec les premières vagues d'émigration, vers 1834. Puisque les émigrés européens, s'ils le désirent, peuvent être naturalisés français, ils seront désormais connus sous l'appellation « Français d'Algérie ».

Au sein de l'Algérie coloniale, il existe de nombreuses iniquités sociales entre la population « de souche » et les Français d'Algérie. En effet, ceux-ci, quoique minoritaires[1], dominent en matière politique et économique. Certes, les Français d'Algérie ne font pas tous partie de l'élite coloniale ! Ceux (fort nombreux) qui sont issus de la classe paysanne et ouvrière sont pauvres (comme la famille de Camus) ; cependant, la grande majorité de la population indigène[2] l'est tout autant et même souvent davantage. D'ailleurs, Camus n'hésitera pas à utiliser le terme « misère » pour désigner la pauvreté qu'il découvrira en Kabylie. Pour mieux saisir le regard que porte Camus sur ses contemporains dans *L'étranger* (publié en 1942 et dont l'action se déroule dans l'Alger des années 1930), on doit avoir un aperçu de l'homme engagé et lucide qu'il fut. Des combats qu'il a menés. Souvent dans la solitude, mais jamais sans espoir.

---

1. En 1911, on compte un Européen de souche pour six indigènes ; en 1962, sur une population d'environ dix millions d'Algériens, on comptera environ un million de Français (d'origine ou naturalisés).
2. Le terme « indigène » est employé dans son sens premier ; il a trait aux habitants de (vieille) souche. Ici, il désigne les populations arabe et kabyle d'Algérie.

La pauvreté et la lucidité

L'enfance de Camus est marquée par la pauvreté. Né à Mondovi, le 7 novembre 1913, il est un *pied-noir*[1] issu de la troisième génération d'Européens installés en Algérie. En 1914, il devient orphelin de père et il vivra par la suite en compagnie d'une mère qui s'est réfugiée dans le silence. Comme elle travaille pour gagner sa vie et celle de ses enfants, Albert Camus et son frère Lucien (né en 1910) seront élevés par leur grand-mère, Catherine-Maria Sintès (née Cardona)[2], une femme sévère qui les a accueillis dans son logement situé dans le quartier populaire de Belcourt à Alger. La demeure qu'ils partagent avec Étienne et Joseph (les deux frères de leur mère) est un modeste trois-pièces ne possédant ni eau courante ni électricité.

Camus doit interrompre à plusieurs reprises les études de philosophie qu'il a entreprises en 1930, car sa santé est fragile (il est atteint de tuberculose). Il ne se plaindra néanmoins jamais de son sort. Au contraire, ses origines modestes lui feront comprendre les aspects concrets de la misère humaine.

La révolte et l'écriture

Jeune adulte, il privilégie l'action sociale. En 1936, il met sur pied une troupe d'amateurs, le Théâtre du Travail, et il adhère pour une courte période au parti communiste d'Alger, sans doute convaincu que cette idéologie mettra fin aux injustices qu'il découvre, mais c'est vers le journalisme qu'il

---

1. Ce terme – dont la genèse est incertaine – fut utilisé à partir des années 1950 pour désigner la population française d'Algérie.
2. On remarquera que, dans *L'étranger*, Camus a utilisé les noms de membres de sa famille.

se tournera pour défendre les plus démunis. Alors qu'il parcourt les campagnes algériennes avec la troupe de théâtre de Radio-Alger, la misère qu'il y observe le révolte. Les injustices lui brûlent le cœur.

À partir de 1938, il signe des articles et des chroniques dans le quotidien *Alger républicain*. Entre autres, il y publie un reportage retentissant afin de dénoncer la misère[1] qu'il a constatée en Kabylie. De plus, il y fait le compte rendu[2] de nombreux procès ; il n'hésite pas à dénoncer l'attitude injuste, et parfois même raciste, de certains tribunaux. En 1939, après la fermeture d'*Alger républicain*, il écrit dans le *Soir républicain*. Cependant, sa plume acérée ne plaît pas à tous : en janvier 1940, un arrêté du gouverneur interdit la publication du quotidien. Il se tourne alors vers la France, où il obtient un poste de secrétaire de rédaction à *Paris-Soir*.

Les années de la Seconde Guerre mondiale (1939-1945) seront déterminantes pour Camus. D'abord, sur le plan personnel, en 1940 il épouse Francine Faure, en secondes noces. Ils auront deux enfants : les jumeaux Jean et Catherine, nés en 1945. Ensuite, c'est au journal clandestin *Combat* – dont il deviendra le rédacteur en chef après la Libération – que se poursuit sa lutte contre les injustices.

---

1. D'après Bernard Pingaud, les articles liés à cette question dénonçaient pour l'essentiel « l'injustice du sort fait par la minorité européenne à la population arabe » (Bernard PINGAUD, ouvr. cité, p. 19).
2. Morvan Lebesque relève trois de ces articles dans lesquels Camus fait véritablement figure de justicier : « [...] l'*affaire Hodent* où il prouva qu'un malheureux commis de ferme était innocent du vol dont l'accusait un colon richissime, l'*affaire El-Okby* où il démontra l'innocence d'un musulman inculpé d'assassinat par ordre des Pouvoirs et pour des raisons uniquement politiques et l'*affaire du La Martinière* où il s'éleva contre les conditions inhumaines du transport des forçats en Guyane » (Morvan LEBESQUE, *Camus par lui-même*, Paris, Seuil, Écrivains de toujours, 1963, p. 21).

Enfin, il s'installera définitivement en France après la publi-cation de *L'étranger*[1] et deviendra un écrivain reconnu.

Camus concrétisera son premier grand projet d'écriture, qui s'inscrit dans le cycle de l'absurde, avec *L'étranger* (roman, 1942), *Le mythe de Sisyphe* (essai, 1942) et *Caligula* (théâtre, 1945). Le sentiment de l'absurde dont sont imprégnées ces œuvres se traduit par le décalage entre un monde idéalisé (forgé d'illusions) et le monde réel. Avec ce projet d'écriture, l'auteur pose les premiers jalons d'une œuvre exigeante à travers laquelle il tentera de saisir la complexité de la condition humaine. Une œuvre à la fois littéraire et philosophique où se côtoient notamment romans, pièces de théâtre, essais. Parmi ses textes de fiction les plus célèbres, mentionnons *L'étranger*, *La peste* et *Les justes*, alors que *Le mythe de Sisyphe* et *L'homme révolté* sont des essais philosophiques incontournables. S'ajoutent à cette œuvre solide des chroniques, des correspondances, des textes de réflexion, tels que le *Discours de Suède* ou les « Réflexions sur la guillotine », qui mettent en relief l'huma-nité de Camus.

Même si Camus s'est étonné[2] de voir plusieurs de ses œuvres qualifiées d'existentialistes, on y peut déceler des thèmes propres à cette mouvance. L'existentialisme français soutient qu'« il n'y a pas de déterminisme[3] ». Dans les romans et les pièces de théâtre des auteurs appartenant à ce cou-rant, on trouve souvent des personnages qui, face à l'an-

---

1. C'est Gaston Gallimard qui en mai 1942 publie le roman, en France, dans des conditions difficiles. Entre autres, il faut obtenir l'accord de la Propagandastaffel. En outre, en temps de guerre, le papier est rare.
2. Camus abhorre les étiquettes, surtout quand elles sont une affaire de mode. Refusant les dogmes, il veut à tout prix éviter d'être l'instrument d'une quel-conque doctrine politique ou philosophique.
3. Jean-Paul SARTRE. *L'existentialisme est un humanisme*, Paris, Gallimard, Folio, 1999, p. 39.

goisse existentielle, remettent en question les croyances religieuses et s'interrogent sur la condition humaine.

Solidaire et solitaire

La guerre d'Algérie commence en 1954 et se termine en 1962 par les « Accords d'Évian » consacrant l'indépendance de ce pays. Cette guerre, Camus la vivra de façon très personnelle. Il comprend tout autant les raisons qui incitent une partie de la population indigène à réclamer l'indépendance que le combat de ceux qui espèrent voir l'Algérie demeurer française. Force est de constater que l'écrivain ne veut choisir *ni* l'un *ni* l'autre[1] des camps, mais qu'il préférerait réunir l'un *et* l'autre. Camus tentera, par la voie de ses éditoriaux publiés dans *L'Express*, de militer en faveur d'une association entre Arabes, Kabyles et Européens. En 1956, à ses risques et périls, il lance son *Appel pour une trêve civile en Algérie*, lors d'une conférence publique à Alger.

Ce qu'il réclame relève d'un humanisme élémentaire : une trêve afin que soit épargnée la population civile qui paie lourdement le prix de cette guerre. Les partisans et les adversaires de l'Algérie française souhaitent les uns et les autres attirer Camus dans leur camp. On soupèse, on évalue et on réinterprète les moindres paroles de l'écrivain. En cherchant une voie mitoyenne, en refusant de choisir, il s'attire les foudres des deux partis. Sur le parvis, à la sortie de la conférence, on aurait même entendu crier l'inimaginable « À mort, Camus ! ».

---

1. « Il parle de coexistence, le et, pas le ou, d'association, de fédération de peuples dans la dignité, de communauté franco-arabe [...] » (Jean-Jacques GONZALES, « Une utopie méditerranéenne ». Albert Camus et l'Algérie en guerre », dans Mohamed HARBI, Benjamin STORA et autres, *La guerre d'Algérie*, Paris, Hachette Littératures, Pluriel, 2008, p. 880).

Son appel à la trêve ne sera pas entendu et son projet d'association apparaîtra dorénavant inaccessible, voire utopique. Les intellectuels prennent davantage position en faveur d'un vaste mouvement de décolonisation de l'Algérie. En 1957, l'auteur tunisien Albert Memmi publie une première mouture de l'essai *Portrait du colonisé. Portrait du colonisateur*, dans lequel il décrit clairement les effets de la colonisation ; il montre comment s'institue un rapport d'inégalité entre colonisés et colonisateurs, notamment en Afrique du Nord. Pierre Bourdieu publie, en 1958, *Sociologie de l'Algérie*. Dans cet ouvrage, l'auteur français affirme que « la société coloniale fait songer à un système de *castes*. [Elle est] composée en effet de deux "communautés" distinctes [...] placées dans un rapport [de force] [d'où] résulte une ségrégation raciale de fait[1] ». Ainsi, peu à peu, les partisans de l'Algérie française en viendront à faire figure de *colons*, racistes de surcroît. L'intelligentsia parisienne les méprise de plus en plus, les traitant de *pieds-noirs*[2] ou de *colons*[3]. On est loin de la position de Camus, qui a cherché à réconcilier plutôt qu'à diviser.

Camus, qui a cherché une voie pacifique pour résoudre ce conflit, se sent de plus en plus isolé. L'homme de lettres,

---

1. Pierre BOURDIEU. *Sociologie de l'Algérie*, Paris, PUF, Que sais-je ?, 1985 [1958], p. 115 et 116.
2. Ce n'est qu'après la guerre d'Algérie que la majorité d'entre eux découvrirent le terme de « pieds-noirs », alors péjoratif. En Algérie coloniale, ils se sont qualifiés eux-mêmes tour à tour d'Algériens, de Français d'Algérie ou de Français. À travers ces expressions, ils tentaient de se distinguer des autres groupes, parfois de la population indigène, parfois des Français de la métropole. Bien qu'ils se définissent à présent comme « pieds-noirs », on trouve également dans les textes contemporains les appellations « Européens d'Algérie », « Algériens d'origine européenne » ou « Euro-Algériens » pour les désigner.
3. Camus a tenté de casser cette image du colon riche, cupide et mécréant venu faire fortune, en prenant comme exemple l'extrême pauvreté que sa propre famille a connue, mais en vain.

rappelons-le, a pris tout au long de sa vie des positions clairement anticolonialistes afin que s'instaure une véritable démocratie en Algérie. Il a payé cher son courage. Bien avant que débutent les *événements*, bien avant que Paris commence à s'intéresser au sujet, il fut l'un des rares à dénoncer les injustices que subissaient les populations arabe et kabyle. Après la publication, en 1958, des *Actuelles III, Chroniques algériennes*, qui réunissent des textes écrits durant une période de près de vingt ans et des inédits sur la question algérienne, il s'abstiendra de commenter publiquement ce conflit.

Camus ne connaîtra pas les événements qui marquent la fin de la guerre en Algérie et il ne verra pas ce pays accéder à l'indépendance. Le 4 janvier 1960, à 46 ans, il meurt dans un accident de voiture. Il laisse derrière lui toute une communauté de lecteurs et de commentateurs qui garderont vivante son œuvre immense et qui se rappelleront ses combats d'homme engagé d'un humanisme inspirant.

Une œuvre singulière

Le style adopté par Camus dans *L'étranger* est volontairement dépouillé. Roland Barthes écrira[1] que le romancier a recours à une *écriture blanche*. Ce qualificatif décrit bien cette écriture ramenée à l'essentiel, où l'on évite les fioritures et les surcharges. Une écriture qui vise l'objectivité, la neutralité.

Ce style est admirablement rendu par des phrases courtes, parfois même écourtées, ainsi que par un

---

1. Roland BARTHES. *Le degré zéro de l'écriture*, Paris, Seuil, Points, 1972, p. 54-57.

vocabulaire simple. Cette constatation s'impose dès le début du roman : « Aujourd'hui, maman est morte. Ou peut-être hier. » La phrase complète aurait pu se lire ainsi : « Aujourd'hui, ou peut-être hier, maman est morte. » En optant pour des phrases volontairement écourtées, Camus donne au texte une rythmique saccadée, voire poétique. Cette façon de procéder oblige le lecteur à refaire les liens entre les phrases. Bien qu'il soit simple, le style demeure riche et parfaitement maîtrisé. L'enchaînement des phrases crée parfois un effet de lecture saisissant. Par exemple, quand Meursault écrit : « Aujourd'hui, maman est morte. Ou peut-être hier. Je ne sais pas », le caractère énigmatique du narrateur ressort davantage que s'il avait écrit : « Ma mère est décédée, cependant, le télégramme qui m'en informe ne précise pas la date de l'événement. » Ainsi, Albert Camus, par une économie de moyens, réussit à créer une pluralité de sens.

La simplicité du vocabulaire utilisé confère à l'œuvre un caractère réaliste. D'ailleurs, pour écrire *L'étranger*, Albert Camus a utilisé des termes de l'argot que l'on entend dans les rues d'Alger à son époque : le cagayous[1]. Dans le roman, Raymond Sintès se sert de quelques-unes de ces expressions populaires[2]. De plus, on trouve des métonymies[3] dont l'usage est courant dans la langue parlée. Par l'insertion de ces termes, Albert Camus affiche sa volonté de faire

---

1. « Cagayous est un héros d'aventures qui furent publiées au tournant des XIXᵉ et XXᵉ siècles par un romancier populaire algérois, Auguste Robinet (1862-1930). [...], ce héros sert de référence à Camus pour offrir des échantillons de la langue en usage dans le milieu des Français d'Algérie de condition modeste » (Jeanyves GUÉRIN [sous la direction de], *Dictionnaire Albert Camus*, Paris, Robert Laffont, Bouquins, 2009, p. 104).

2. Par exemple : « Je vais te mûrir. »

3. Par exemple : « goudron » pour désigner l'« asphalte », « dactylo » pour désigner une employée de bureau.

vrai. Enfin, alors que le temps des verbes utilisés (le passé composé au premier plan et l'imparfait au second plan) relève habituellement du récit oral, il donne ici au roman une authenticité remarquable.

Les thèmes

On ne saurait réduire *L'étranger* à quelques thèmes : le texte est riche et les interprétations de l'œuvre sont nombreuses et variées. Dans *L'étranger*, les thèmes philosophiques, tels que l'absurde, la révolte, le choix, la liberté, l'engagement, côtoient des thèmes plus classiques, comme le temps, la mort, la nature, l'amour et l'amitié, la solitude, le bonheur, l'écriture. Enfin, certaines thématiques sont liées à des enjeux moraux ou politiques : la religion, le colonialisme, la justice, la peine de mort.

La thématique du temps est particulièrement présente dans ce roman. Dans la première partie, le temps s'égrène sur une période de dix-huit jours. La deuxième partie, moins datée, s'étale sur un an. Si le récit rapporté par Meursault ressemble à un journal intime[1] où l'ordre chronologique est bien indiqué, dans la deuxième partie, on a davantage l'impression qu'il écrit ses mémoires. D'ailleurs, Meursault indique à plusieurs reprises que l'on perd la notion du temps en prison. Lorsqu'il était un homme libre, le temps était vécu comme une véritable contrainte, tandis qu'en prison Meursault peut vivre à son propre rythme. En fait, il semble plus libre dans son cachot qu'il ne le fut dans sa chambre.

L'écriture est un thème qui traverse l'œuvre. D'abord, c'est Meursault qui nous livre son histoire. Dans la première

---

1. Toutefois, quand Meursault écrit, dans la première partie, « mais je crois maintenant que c'était une impression fausse », il semble réécrire son texte.

partie du récit, on a d'ailleurs l'impression qu'il écrit un journal intime dans lequel il note chronologiquement les menus événements de sa vie quotidienne. Le type de narration utilisée (le narrateur-héros) a habituellement pour but de rapprocher le lecteur et le personnage-narrateur. Ici, pourtant, c'est l'effet inverse qui se produit. Le lecteur peut difficilement se mettre à la place du héros, car celui-ci évite judicieusement de faire mention de ses émotions. Dans la deuxième partie du récit apparaît la figure de l'écrivain à travers le personnage du journaliste. En effet, un journaliste, crayon à la main, se trouve au tribunal. Meursault croit s'y reconnaître.

La nature accompagne Meursault, dans le bonheur tout autant que dans le malheur. C'est à travers de menus détails que le paysage algérois se déploie : la mer, le soleil, la plage, le ciel, la flore, la beauté des fleurs et des arbrisseaux. Ces touches de nature sont comme des îlots de bonheur qui parsèment la vie de Meursault. Alors qu'il est à la plage avec Marie, bien que Meursault ne nous renseigne pas sur ses émotions, on le sent près du plaisir des sens. C'est comme si la nature lui permettait de se soustraire aux contraintes imposées par la religion et la morale. Comme si la plage et le soleil lui permettaient de survivre à sa petite vie ennuyeuse. Toutefois, s'il peut être source de réconfort, le soleil sera également source de malheur sur la plage. C'est le poids du soleil qui lui aurait fait commettre l'irréparable et ainsi détruire « l'équilibre du jour ».

Un personnage énigmatique

Meursault, davantage préoccupé par ses sensations que par ses émotions, est un personnage difficile à cerner.

Cependant, des récits secondaires[1] permettent de jeter un nouvel éclairage sur sa personnalité, de comprendre ses motivations ou d'expliquer certains moments de sa vie. Par exemple, la bizarre petite femme rencontrée chez Céleste reflète le carcan qui enserre la vie de Meursault et dans lequel il ne se sent pas à l'aise. Carcan du temps, carcan des conventions morales et sociales. La répétition des mêmes actions à laquelle se livre la petite femme ne laisse aucune place au hasard.

Ainsi, Camus suggère que, s'il n'y a pas de disponibilité de l'esprit, il ne peut y avoir de bonheur. Que les attentes, l'espoir, les illusions empêchent l'homme d'accéder au monde, car il se forge un monde illusoire (pétri d'attentes) qui le rend inapte au bonheur. L'absurde dans l'existence, c'est le décalage entre le monde imaginé (forgé d'illusions) et le monde réel, ainsi que le décalage entre un homme et ses semblables. Ici, c'est le monde des émotions institution-nalisées, préfabriquées ; le monde des convenances impos-sibles à remettre en question. Meursault sera plongé dans un monde absurde, car il ne partage pas les valeurs de sa société. On veut l'obliger à mentir ; s'il ne le fait pas, cette *société-là* n'a plus de sens.

Une structure significative

Les deux parties du roman sont de longueur similaire : la première partie compte six chapitres et la deuxième en compte cinq. Le sixième chapitre, placé en plein centre du récit, se présente tel un élément charnière. Cette structure en parallèle, semblable à un diptyque dont les deux tableaux

---

1. Pour une étude des récits secondaires, voir Françoise BAGOT. *Albert Camus, L'étranger*, Paris, PUF, Études littéraires, 1993, p. 13-15, 86-89.

se referment l'un sur l'autre, fait ressortir les trois morts importantes du roman : la mort de la mère au début, celle de l'Arabe en plein centre et celle de Meursault à la fin.

Dans ses *Carnets*, Camus explique que le « sens du livre tient exactement dans le parallélisme des deux parties[1] ». Si la première partie regorgeait de détails qui, jusque-là, pouvaient sembler peu révélateurs, la deuxième partie du récit en dévoile l'importance. En fait, la deuxième partie s'ingénie à relire la première. Les événements que Meursault a décrits dans la première partie seront réinterprétés par les représentants de la justice dans la deuxième partie. On cherchera à découvrir non seulement la culpabilité de Meursault, mais à déceler la préméditation de ses gestes dans chaque détail de sa petite vie.

Les quatre coups frappés à la porte du destin

Le fait que la mort de l'Arabe est placé en plein centre du roman n'indique pas qu'elle est la plus significative. Toutefois, sa charge symbolique indéniable a suscité – et suscite encore – d'innombrables réactions. Les commentaires sur les motivations meurtrières de Meursault donnent à l'œuvre des interprétations variées.

Par contre, il ne s'agit pas uniquement de comprendre pourquoi Meursault a tiré sur un Arabe, mais bien de saisir les raisons pour lesquelles l'écrivain met en scène une telle situation. En tirant quatre coups supplémentaires sur un corps inerte, il devient difficile pour Meursault de plaider

---

1. Jacqueline LÉVI-VALENSI (sous la direction de). *Albert Camus, Œuvres complètes II* (1944-1948), Paris, Gallimard, La Pléiade, 2006, p. 951.

la légitime défense. L'auteur n'a pas laissé de voie de sortie à son personnage : ce dernier ne pourra donc nier. Dans la préface d'une édition[1] américaine de l'œuvre, Camus écrit qu'il ne faut pas considérer Meursault comme une épave, mais plutôt comme une personne qui accepte de mourir pour la vérité. En effet, tout au long du procès, il refuse de mentir, de dissimuler, de jouer le jeu[2], et ce, même s'il sait qu'il mourra la tête tranchée au nom du peuple français.

La représentation de l'Algérie française

Bien que le récit se déroule en Algérie, on ne peut soutenir que *L'étranger* soit un roman pittoresque ou exotique. On y trouve peu de repères culturels, si ce n'est la référence au film de Fernandel qui donne à penser que le récit se déroule dans les années 1930. Néanmoins, sans vouloir réduire l'œuvre à sa seule dimension historico-politique et ainsi contribuer au mythe colonial, on ne peut dissimuler le fait que certains stigmates de la colonisation sont présents. Que ce soit la tension qui existe entre la population française d'Algérie et la population indigène ou l'absence (inexpliquée) de la partie arabe au procès.

On observe que, dans *L'étranger*, les clans sont bien campés. D'un côté, on trouve les Algériens d'origine européenne que l'on reconnaît par leurs noms à consonance hispanique (Cardona, Sintès, Pérez) ou française (Raymond,

---

1. On peut lire l'intégrale de cette préface dans Jacqueline LÉVI-VALENSI (sous la direction de). *Albert Camus, Œuvres complètes I* (1931-1944), Paris, Gallimard, La Pléiade, 2006, p. 215-216. Rédigée vers 1953-1955, « [la] préface parut au côté de *L'Étranger* publié par Methuen and Co., à Londres, en 1958, dans une édition de Germaine Brée et Carlos Lynes, universitaires américains » (Jacqueline LÉVI-VALENSI [sous la direction de]. *Albert Camus, Œuvres complètes I*, ouvr. cité, p. 1268).
2. À plusieurs reprises, Meursault dit qu'« il ne faut jamais jouer ».

Marie, Masson). De l'autre côté, il y a la population « indigène » qui semble former une masse compacte. Ceux-là n'ont pas de nom ; on les désigne selon leur origine ethnique (la Mauresque, l'Arabe). Par cette différence de traitement, sur laquelle il n'insiste pas, l'auteur dévoile un postulat : ces deux clans n'ont pas les mêmes droits dans cette *société-là*[1].

La justice française en Algérie

Le déroulement du procès surprend. Alors qu'on pourrait s'attendre à ce que Meursault cherche à expliquer son geste, il ne le fait point et il aggrave son cas par sa passivité. Si l'attitude de Meursault est curieuse, l'attitude des magistrats l'est tout autant. Que ce soit lors de l'instruction ou lors des débats devant le tribunal, on se rend compte que les principales questions tournent autour des sentiments, des fréquentations et des habitudes de vie du personnage principal. Comme l'avocat de Meursault, on est tenté de demander : « Enfin, est-il accusé d'avoir enterré sa mère ou d'avoir tué un homme ? »

En créant un tribunal qui détourne de leur sens tous les détails caractérisant l'existence d'un petit employé de bureau d'Alger afin de prouver la préméditation de ses actes,

---

1. Camus connaît bien les iniquités sociales qui ont cours dans les années 1930 (époque où se déroule le récit) entre la population arabe et les Français d'Algérie. Entre autres, il sait que les postes dans la magistrature sont occupés par les Français d'Algérie. En effet, jusqu'en 1944 il sera interdit aux Algériens dits « musulmans » d'accéder aux postes de magistrats. En 1937, l'écrivain « est à l'origine du *Manifeste des intellectuels d'Algérie en faveur du projet Viollette* [en référence au projet de loi Blum-Viollette], plan qui prévoyait une démocratisation de l'Algérie [...] par l'accès d'un certain nombre de musulmans d'Algérie à la citoyenneté française. Malgré sa relative modestie, on mesure, à la violence du rejet qu'il a entraîné (il ne fut même pas discuté au Parlement), l'avancée qu'il représentait [...] » (Agnès SPIQUEL. *Albert Camus et l'Algérie*, site de la Ligue des droits de l'homme, www.ldh-toulon.net/spip.php ?article3601).

Camus offre une image peu flatteuse des représentants de la justice. En ne précisant pas les raisons (par exemple l'exclusion, l'indifférence) qui expliqueraient l'absence de la population indigène (notamment du témoin arabe), il propose une image plus que gênante du système de justice français dans l'Algérie coloniale. C'est à croire que cette *justice-là* ne veut pas accuser Meursault de ce *meurtre-là*.

Pourtant, si ce système est sans nul doute injuste pour la victime arabe, il l'est tout autant pour Meursault, le *pied-noir*. En effet, celui-ci ne sera pas condamné pour avoir tué un homme (ce qu'il ne nie pas), mais bien pour avoir enterré sa mère avec un cœur de criminel. Trop attaché à ses sensations et peu disposé à faire étalage de ses sentiments, Meursault est coupable de ne pas se conformer aux valeurs sociales et morales de cette *société-là*. Il est accusé, et condamné, parce qu'il est différent de ses semblables.

Camus a fait de Meursault un être des plus énigmatiques. Le petit employé de bureau algérois, davantage attaché à ses sensations qu'à ses émotions, ne veut pas participer à cette *société-là*. Il ne nie pas le meurtre ; il mourra parce qu'il refuse de mentir, de « jouer le jeu ». Selon l'explication de Camus lui-même : « On ne se tromperait donc pas beaucoup en lisant dans *L'étranger* l'histoire d'un homme qui, sans aucune attitude héroïque, accepte de mourir pour la vérité[1]. » Une vérité dérangeante.

---

1. « Préface à l'édition universitaire américaine », dans Jacqueline LÉVI-VALENSI [sous la direction de]. *Albert Camus, Œuvres complètes I* (1931-1944), ouvr. cité, p. 216.

L'étranger

1

Aujourd'hui, maman est morte. Ou peut-être hier, je ne sais pas. J'ai reçu un télégramme de l'asile[1] : « Mère décédée. Enterrement demain. Sentiments distingués. » Cela ne veut rien dire. C'était peut-être hier.

L'asile de vieillards est à Marengo[2], à quatre-vingts kilomètres d'Alger. Je prendrai l'autobus à deux heures et j'arriverai dans l'après-midi. Ainsi, je pourrai veiller et je rentrerai demain soir. J'ai demandé deux jours de congé à mon patron et il ne pouvait pas me les refuser avec une excuse pareille. Mais il n'avait pas l'air content. Je lui ai même dit : « Ce n'est pas de ma faute. » Il n'a pas répondu. J'ai pensé alors que je n'aurais pas dû lui dire cela. En somme, je n'avais pas à m'excuser. C'était plutôt à lui de me présenter ses condoléances. Mais il le fera sans doute après-demain, quand il me verra en deuil. Pour le moment, c'est un peu comme si maman n'était pas morte. Après l'enterrement, au contraire, ce sera une affaire classée et tout aura revêtu une allure plus officielle.

---

1. *Asile* : résidence – privée ou publique – qui héberge les démunis (orphelins, personnes âgées, etc.). Ici, il s'agit d'une résidence publique pour personnes âgées.
2. *Marengo* : pendant la période coloniale, les noms de plusieurs villes et villages d'Algérie seront remplacés par des noms français ; ce fut le cas d'Hadjout, située au sud-ouest d'Alger, à qui Bonaparte donna le nom de *Marengo* en 1851. Après la guerre d'Algérie (1954-1962), la ville reprendra son appellation d'origine, comme de nombreux endroits du pays.

J'ai pris l'autobus à deux heures. Il faisait très chaud. J'ai mangé au restaurant, chez Céleste, comme d'habitude. Ils avaient tous beaucoup de peine pour moi et Céleste m'a dit : « On n'a qu'une mère. » Quand je suis parti, ils m'ont accompagné à la porte. J'étais un peu étourdi parce qu'il a fallu que je monte chez Emmanuel pour lui emprunter une cravate noire et un brassard. Il a perdu son oncle, il y a quelques mois.

J'ai couru pour ne pas manquer le départ. Cette hâte, cette course, c'est à cause de tout cela sans doute, ajouté aux cahots, à l'odeur d'essence, à la réverbération de la route et du ciel, que je me suis assoupi. J'ai dormi pendant presque tout le trajet. Et quand je me suis réveillé, j'étais tassé contre un militaire qui m'a souri et qui m'a demandé si je venais de loin. J'ai dit « oui » pour n'avoir plus à parler.

L'asile est à deux kilomètres du village. J'ai fait le chemin à pied. J'ai voulu voir maman tout de suite. Mais le concierge m'a dit qu'il fallait que je rencontre le directeur. Comme il était occupé, j'ai attendu un peu. Pendant tout ce temps, le concierge a parlé et ensuite, j'ai vu le directeur : il m'a reçu dans son bureau. C'était un petit vieux, avec la Légion d'honneur. Il m'a regardé de ses yeux clairs. Puis il m'a serré la main qu'il a gardée si longtemps que je ne savais trop comment la retirer. Il a consulté un dossier et m'a dit : « Mme Meursault est entrée ici il y a trois ans. Vous étiez son seul soutien. » J'ai cru qu'il me reprochait quelque chose et j'ai commencé à lui expliquer. Mais il m'a interrompu : « Vous n'avez pas à vous justifier, mon cher enfant. J'ai lu le dossier de votre mère. Vous ne pouviez subvenir à ses besoins. Il lui fallait une garde. Vos salaires sont modestes. Et tout compte fait, elle était plus heureuse ici. » J'ai dit : « Oui, monsieur le Directeur. » Il a ajouté : « Vous savez, elle avait des amis, des gens de son âge. Elle pouvait partager avec eux des intérêts qui sont d'un autre temps. Vous êtes jeune et elle devait s'ennuyer avec vous. »

C'était vrai. Quand elle était à la maison, maman passait son temps à me suivre des yeux en silence. Dans les premiers jours où elle était à l'asile, elle pleurait souvent. Mais c'était à cause de l'habitude. Au bout de quelques mois, elle aurait pleuré si on l'avait retirée de l'asile. Toujours à cause de l'habitude. C'est un peu pour cela que dans la dernière année je n'y suis presque plus allé. Et aussi parce que cela me prenait mon dimanche – sans compter l'effort pour aller à l'autobus, prendre des tickets et faire deux heures de route.

Le directeur m'a encore parlé. Mais je ne l'écoutais presque plus. Puis il m'a dit : « Je suppose que vous voulez voir votre mère. » Je me suis levé sans rien dire et il m'a précédé vers la porte. Dans l'escalier, il m'a expliqué : « Nous l'avons transportée dans notre petite morgue. Pour ne pas impressionner les autres. Chaque fois qu'un pensionnaire meurt, les autres sont nerveux pendant deux ou trois jours. Et ça rend le service difficile. » Nous avons traversé une cour où il y avait beaucoup de vieillards, bavardant par petits groupes. Ils se taisaient quand nous passions. Et derrière nous, les conversations reprenaient. On aurait dit un jacassement assourdi de perruches. À la porte d'un petit bâtiment, le directeur m'a quitté : « Je vous laisse, monsieur Meursault. Je suis à votre disposition dans mon bureau. En principe, l'enterrement est fixé à dix heures du matin. Nous avons pensé que vous pourrez ainsi veiller la disparue. Un dernier mot : votre mère a, paraît-il, exprimé souvent à ses compagnons le désir d'être enterrée religieusement. J'ai pris sur moi de faire le nécessaire. Mais je voulais vous en informer. » Je l'ai remercié. Maman, sans être athée, n'avait jamais pensé de son vivant à la religion.

Je suis entré. C'était une salle très claire, blanchie à la chaux et recouverte d'une verrière. Elle était meublée de chaises et de chevalets en forme de X. Deux d'entre eux, au centre, supportaient une bière[1] recouverte de son couvercle. On voyait seulement des vis brillantes, à peine enfoncées, se détacher sur les planches passées au brou de noix[2]. Près de la bière, il y avait une infirmière arabe en sarrau blanc, un foulard de couleur vive sur la tête.

À ce moment, le concierge est entré derrière mon dos. Il avait dû courir. Il a bégayé un peu: «On l'a couverte, mais je dois dévisser la bière[3] pour que vous puissiez la voir.» Il s'approchait de la bière quand je l'ai arrêté. Il m'a dit: «Vous ne voulez pas?» J'ai répondu: «Non.» Il s'est interrompu et j'étais gêné parce que je sentais que je n'aurais pas dû dire cela. Au bout d'un moment, il m'a regardé et il m'a demandé: «Pourquoi?» mais sans reproche, comme s'il s'informait. J'ai dit: «Je ne sais pas.» Alors tortillant sa moustache blanche, il a déclaré sans me regarder: «Je comprends.» Il avait de beaux yeux, bleu clair, et un teint un peu rouge. Il m'a donné une chaise et lui-même s'est assis un peu en arrière de moi. La garde s'est levée et s'est dirigée vers la sortie. À ce moment, le concierge m'a dit: «C'est un chancre[4] qu'elle a.» Comme je ne comprenais pas, j'ai regardé l'infirmière et j'ai vu qu'elle portait sous les yeux un bandeau qui faisait le tour de la tête. À la hauteur du nez, le bandeau était plat. On ne voyait que la blancheur du bandeau dans son visage.

---

1. *Bière*: cercueil.
2. *Brou de noix*: métonymie qui désigne la teinture brune utilisée en menuiserie et obtenue à partir du brou de la noix, c'est-à-dire de son écale.
3. *Dévisser la bière*: ouvrir le cercueil.
4. *Chancre*: petit ulcère ou tumeur à la surface de la peau qui ronge les parties environnantes.

Quand elle est partie, le concierge a parlé : « Je vais vous laisser seul. » Je ne sais pas quel geste j'ai fait, mais il est resté, debout derrière moi. Cette présence dans mon dos me gênait. La pièce était pleine d'une belle lumière de fin d'après-midi. Deux frelons bourdonnaient contre la verrière. Et je sentais le sommeil me gagner. J'ai dit au concierge, sans me retourner vers lui : « Il y a longtemps que vous êtes là ? » Immédiatement il a répondu : « Cinq ans » – comme s'il avait attendu depuis toujours ma demande.

Ensuite, il a beaucoup bavardé. On l'aurait bien étonné en lui disant qu'il finirait concierge à l'asile de Marengo. Il avait soixante-quatre ans et il était parisien. À ce moment je l'ai interrompu : « Ah ! vous n'êtes pas d'ici ? » Puis je me suis souvenu qu'avant de me conduire chez le directeur, il m'avait parlé de maman. Il m'avait dit qu'il fallait l'enterrer très vite, parce que dans la plaine il faisait chaud, surtout dans ce pays. C'est alors qu'il m'avait appris qu'il avait vécu à Paris et qu'il avait du mal à l'oublier. À Paris, on reste avec le mort trois, quatre jours quelquefois. Ici on n'a pas le temps, on ne s'est pas fait à l'idée que déjà il faut courir derrière le corbillard[1]. Sa femme lui avait dit alors : « Tais-toi, ce ne sont pas des choses à raconter à Monsieur. » Le vieux avait rougi et s'était excusé. J'étais intervenu pour dire : « Mais non. Mais non. » Je trouvais ce qu'il racontait juste et intéressant.

Dans la petite morgue, il m'a appris qu'il était entré à l'asile comme indigent. Comme il se sentait valide, il s'était proposé pour cette place de concierge. Je lui ai fait remarquer qu'en somme il était un pensionnaire. Il m'a dit que

---

1. *Courir derrière le corbillard* : généralement, un cortège suit le corbillard qui transporte le défunt du lieu de la cérémonie funéraire au lieu d'inhumation ; ici, le concierge souligne que la veillée du défunt doit être rapide à cause de la chaleur.

non. J'avais déjà été frappé par la façon qu'il avait de dire : « ils », « les autres », et plus rarement « les vieux », en parlant des pensionnaires dont certains n'étaient pas plus âgés que lui. Mais naturellement, ce n'était pas la même chose. Lui était concierge, et, dans une certaine mesure, il avait des droits sur eux.

La garde est entrée à ce moment. Le soir était tombé brusquement. Très vite, la nuit s'était épaissie au-dessus de la verrière. Le concierge a tourné le commutateur et j'ai été aveuglé par l'éclaboussement soudain de la lumière. Il m'a invité à me rendre au réfectoire pour dîner. Mais je n'avais pas faim. Il m'a offert alors d'apporter une tasse de café au lait. Comme j'aime beaucoup le café au lait, j'ai accepté et il est revenu un moment après avec un plateau. J'ai bu. J'ai eu alors envie de fumer. Mais j'ai hésité parce que je ne savais pas si je pouvais le faire devant maman. J'ai réfléchi, cela n'avait aucune importance. J'ai offert une cigarette au concierge et nous avons fumé.

À un moment, il m'a dit : « Vous savez, les amis de Madame votre mère vont venir la veiller aussi. C'est la coutume. Il faut que j'aille chercher des chaises et du café noir. » Je lui ai demandé si on pouvait éteindre une des lampes. L'éclat de la lumière sur les murs blancs me fatiguait. Il m'a dit que ce n'était pas possible. L'installation était ainsi faite : c'était tout ou rien. Je n'ai plus beaucoup fait attention à lui. Il est sorti, est revenu, a disposé des chaises. Sur l'une d'elles, il a empilé des tasses autour d'une cafetière. Puis il s'est assis en face de moi, de l'autre côté de maman. La garde était aussi au fond, le dos tourné. Je ne voyais pas ce qu'elle faisait. Mais au mouvement de ses bras, je pouvais croire qu'elle tricotait. Il faisait doux, le café m'avait réchauffé et par la porte ouverte entrait une odeur de nuit et de fleurs. Je crois que j'ai somnolé un peu.

C'est un frôlement qui m'a réveillé. D'avoir fermé les yeux, la pièce m'a paru encore plus éclatante de blancheur. Devant moi, il n'y avait pas une ombre et chaque objet, chaque angle, toutes les courbes se dessinaient avec une pureté blessante pour les yeux. C'est à ce moment que les amis de maman sont entrés. Ils étaient en tout une dizaine, et ils glissaient en silence dans cette lumière aveuglante. Ils se sont assis sans qu'aucune chaise grinçât. Je les voyais comme je n'ai jamais vu personne et pas un détail de leurs visages ou de leurs habits ne m'échappait. Pourtant je ne les entendais pas et j'avais peine à croire à leur réalité. Presque toutes les femmes portaient un tablier et le cordon qui les serrait à la taille faisait encore ressortir leur ventre bombé. Je n'avais encore jamais remarqué à quel point les vieilles femmes pouvaient avoir du ventre. Les hommes étaient presque tous très maigres et tenaient des cannes. Ce qui me frappait dans leurs visages, c'est que je ne voyais pas leurs yeux, mais seulement une lueur sans éclat au milieu d'un nid de rides. Lorsqu'ils se sont assis, la plupart m'ont regardé et ont hoché la tête avec gêne, les lèvres toutes mangées par leur bouche sans dents, sans que je puisse savoir s'ils me saluaient ou s'il s'agissait d'un tic. Je crois plutôt qu'ils me saluaient. C'est à ce moment que je me suis aperçu qu'ils étaient tous assis en face de moi à dodeliner de la tête, autour du concierge. J'ai eu un moment l'impression ridicule qu'ils étaient là pour me juger.

Peu après, une des femmes s'est mise à pleurer. Elle était au second rang, cachée par une de ses compagnes, et je la voyais mal. Elle pleurait à petits cris, régulièrement : il me semblait qu'elle ne s'arrêterait jamais. Les autres avaient l'air de ne pas l'entendre. Ils étaient affaissés, mornes et silencieux. Ils regardaient la bière ou leur canne, ou n'importe quoi, mais ils ne regardaient que cela. La femme pleurait toujours. J'étais très étonné parce que je ne la connaissais pas. J'aurais voulu ne plus l'entendre. Pourtant je n'osais pas le lui dire. Le concierge s'est penché vers elle, lui a parlé, mais elle a secoué la tête, a bredouillé quelque chose, et a continué de pleurer avec la même régularité. Le concierge est venu alors de mon côté. Il s'est assis près de moi. Après un assez long moment, il m'a renseigné sans me regarder : « Elle était très liée avec Madame votre mère. Elle dit que c'était sa seule amie ici et que maintenant elle n'a plus personne. »

Nous sommes restés un long moment ainsi. Les soupirs et les sanglots de la femme se faisaient plus rares. Elle reniflait beaucoup. Elle s'est tue enfin. Je n'avais plus sommeil, mais j'étais fatigué et les reins me faisaient mal. À présent c'était le silence de tous ces gens qui m'était pénible. De temps en temps seulement, j'entendais un bruit singulier et je ne pouvais comprendre ce qu'il était. À la longue, j'ai fini par deviner que quelques-uns d'entre les vieillards suçaient l'intérieur de leurs joues et laissaient échapper ces clappements bizarres. Ils ne s'en apercevaient pas tant ils étaient absorbés dans leurs pensées. J'avais même l'impression que cette morte, couchée au milieu d'eux, ne signifiait rien à leurs yeux. Mais je crois maintenant que c'était une impression fausse.

Nous avons tous pris du café, servi par le concierge. Ensuite, je ne sais plus. La nuit a passé. Je me souviens qu'à un moment j'ai ouvert les yeux et j'ai vu que les vieillards dormaient tassés sur eux-mêmes, à l'exception d'un seul qui, le menton sur le dos de ses mains agrippées à la canne, me regardait fixement comme s'il n'attendait que mon réveil. Puis j'ai encore dormi. Je me suis réveillé parce que j'avais de plus en plus mal aux reins. Le jour glissait sur la verrière. Peu après, l'un des vieillards s'est réveillé et il a beaucoup toussé. Il crachait dans un grand mouchoir à carreaux et chacun de ses crachats était comme un arrachement. Il a réveillé les autres et le concierge a dit qu'ils devraient partir. Ils se sont levés. Cette veille incommode leur avait fait des visages de cendre. En sortant, et à mon grand étonnement, ils m'ont tous serré la main – comme si cette nuit où nous n'avions pas échangé un mot avait accru notre intimité.

J'étais fatigué. Le concierge m'a conduit chez lui et j'ai pu faire un peu de toilette. J'ai encore pris du café au lait qui était très bon. Quand je suis sorti, le jour était complètement levé. Au-dessus des collines qui séparent Marengo de la mer, le ciel était plein de rougeurs. Et le vent qui passait au-dessus d'elles apportait ici une odeur de sel. C'était une belle journée qui se préparait. Il y avait longtemps que j'étais allé à la campagne et je sentais quel plaisir j'aurais pris à me promener s'il n'y avait pas eu maman.

Mais j'ai attendu dans la cour, sous un platane. Je respirais l'odeur de la terre fraîche et je n'avais plus sommeil. J'ai pensé aux collègues du bureau. À cette heure, ils se levaient pour aller au travail : pour moi c'était toujours l'heure la plus difficile. J'ai encore réfléchi un peu à ces choses, mais j'ai été distrait par une cloche qui sonnait à l'intérieur des bâtiments. Il y a eu du remue-ménage derrière les fenêtres, puis tout s'est calmé. Le soleil était monté un peu plus dans le ciel : il commençait à chauffer mes pieds. Le concierge a traversé la cour et m'a dit que le directeur me demandait. Je suis allé dans son bureau. Il m'a fait signer un certain nombre de pièces. J'ai vu qu'il était habillé de noir avec un pantalon rayé. Il a pris le téléphone en main et il m'a interpellé : « Les employés des pompes funèbres sont là depuis un moment. Je vais leur demander de venir fermer la bière. Voulez-vous auparavant voir votre mère une dernière fois ? » J'ai dit non. Il a ordonné dans le téléphone en baissant la voix : « Figeac, dites aux hommes qu'ils peuvent aller. »

Ensuite il m'a dit qu'il assisterait à l'enterrement et je l'ai remercié. Il s'est assis derrière son bureau, il a croisé ses petites jambes. Il m'a averti que moi et lui serions seuls, avec l'infirmière de service. En principe, les pensionnaires ne devaient pas assister aux enterrements. Il les laissait seulement veiller : « C'est une question d'humanité », a-t-il remarqué. Mais en l'espèce, il avait accordé l'autorisation de suivre le convoi[1] à un vieil ami de maman : « Thomas Pérez. » Ici, le directeur a souri. Il m'a dit : « Vous comprenez, c'est un sentiment un peu puéril. Mais lui et votre mère ne se quittaient guère. À l'asile, on les plaisantait, on disait à Pérez : "C'est votre fiancée." Lui riait. Ça leur faisait plaisir. Et le fait est que la mort de Mme Meursault l'a beaucoup affecté. Je n'ai pas cru devoir lui refuser l'autorisation. Mais sur le conseil du médecin visiteur, je lui ai interdit la veillée d'hier. »

Nous sommes restés silencieux assez longtemps. Le directeur s'est levé et a regardé par la fenêtre de son bureau. À un moment, il a observé : « Voilà déjà le curé de Marengo. Il est en avance. » Il m'a prévenu qu'il faudrait au moins trois quarts d'heure de marche pour aller à l'église qui est au village même. Nous sommes descendus. Devant le bâtiment, il y avait le curé et deux enfants de chœur. L'un de ceux-ci tenait un encensoir et le prêtre se baissait vers lui pour régler la longueur de la chaîne d'argent. Quand nous sommes arrivés, le prêtre s'est relevé. Il m'a appelé « mon fils » et m'a dit quelques mots. Il est entré ; je l'ai suivi.

---

1. *Convoi* : cortège funèbre, c'est-à-dire groupe de véhicules ou de personnes suivant le cercueil de la personne décédée.

J'ai vu d'un coup que les vis de la bière étaient enfoncées et qu'il y avait quatre hommes noirs dans la pièce. J'ai entendu en même temps le directeur me dire que la voiture attendait sur la route et le prêtre commencer ses prières. À partir de ce moment, tout est allé très vite. Les hommes se sont avancés vers la bière avec un drap. Le prêtre, ses suivants, le directeur et moi-même sommes sortis. Devant la porte, il y avait une dame que je ne connaissais pas : « M. Meursault », a dit le directeur. Je n'ai pas entendu le nom de cette dame et j'ai compris seulement qu'elle était infirmière déléguée. Elle a incliné sans un sourire son visage osseux et long. Puis nous nous sommes rangés pour laisser passer le corps. Nous avons suivi les porteurs et nous sommes sortis de l'asile. Devant la porte, il y avait la voiture. Vernie, oblongue et brillante, elle faisait penser à un plumier. À côté d'elle, il y avait l'ordonnateur, petit homme aux habits ridicules, et un vieillard à l'allure empruntée. J'ai compris que c'était M. Pérez. Il avait un feutre mou à la calotte ronde et aux ailes larges (il l'a ôté quand la bière a passé la porte), un costume dont le pantalon tirebouchonnait sur les souliers et un nœud d'étoffe noire trop petit pour sa chemise à grand col blanc. Ses lèvres tremblaient au-dessous d'un nez truffé de points noirs. Ses cheveux blancs assez fins laissaient passer de curieuses oreilles ballantes et mal ourlées dont la couleur rouge sang dans ce visage blafard me frappa. L'ordonnateur nous donna nos places. Le curé marchait en avant, puis la voiture. Autour d'elle, les quatre hommes. Derrière, le directeur, moi-même et, fermant la marche, l'infirmière déléguée et M. Pérez.

Le ciel était déjà plein de soleil. Il commençait à peser sur la terre et la chaleur augmentait rapidement. Je ne sais pas pourquoi nous avons attendu assez longtemps avant

de nous mettre en marche. J'avais chaud sous mes vêtements sombres. Le petit vieux, qui s'était recouvert, a de
nouveau ôté son chapeau. Je m'étais un peu tourné de son
côté, et je le regardais lorsque le directeur m'a parlé de lui.
Il m'a dit que souvent ma mère et M. Pérez allaient se
promener le soir jusqu'au village, accompagnés d'une infirmière. Je regardais la campagne autour de moi. À travers
les lignes de cyprès qui menaient aux collines près du ciel,
cette terre rousse et verte, ces maisons rares et bien dessi-
nées, je comprenais maman. Le soir, dans ce pays, devait
être comme une trêve mélancolique. Aujourd'hui, le soleil
débordant qui faisait tressaillir le paysage le rendait inhu-
main et déprimant.

Nous nous sommes mis en marche. C'est à ce moment
que je me suis aperçu que Pérez claudiquait[1] légèrement.
La voiture, peu à peu, prenait de la vitesse et le vieillard
perdait du terrain. L'un des hommes qui entouraient la
voiture s'était laissé dépasser aussi et marchait maintenant
à mon niveau. J'étais surpris de la rapidité avec laquelle le
soleil montait dans le ciel. Je me suis aperçu qu'il y avait
déjà longtemps que la campagne bourdonnait du chant
des insectes et de crépitements d'herbe. La sueur coulait
sur mes joues. Comme je n'avais pas de chapeau, je m'éven-
tais avec mon mouchoir. L'employé des pompes funèbres
m'a dit alors quelque chose que je n'ai pas entendu. En
même temps, il s'essuyait le crâne avec un mouchoir qu'il
tenait dans sa main gauche, la main droite soulevant le
bord de sa casquette. Je lui ai dit : « Comment ? » Il a répété
en montrant le ciel : « Ça tape. » J'ai dit : « Oui. » Un peu
après, il m'a demandé : « C'est votre mère qui est là ? » J'ai
encore dit : « Oui. » « Elle était vieille ? » J'ai répondu :

---

1. *Claudiquait* : boitait.

« Comme ça », parce que je ne savais pas le chiffre exact. Ensuite, il s'est tu. Je me suis retourné et j'ai vu le vieux Pérez à une cinquantaine de mètres derrière nous. Il se hâtait en balançant son feutre à bout de bras. J'ai regardé aussi le directeur. Il marchait avec beaucoup de dignité, sans un geste inutile. Quelques gouttes de sueur perlaient sur son front, mais il ne les essuyait pas.

Il me semblait que le convoi marchait un peu plus vite. Autour de moi, c'était toujours la même campagne lumineuse gorgée de soleil. L'éclat du ciel était insoutenable. À un moment donné, nous sommes passés sur une partie de la route qui avait été récemment refaite. Le soleil avait fait éclater le goudron. Les pieds y enfonçaient et laissaient ouverte sa pulpe brillante. Au-dessus de la voiture, le chapeau du cocher, en cuir bouilli, semblait avoir été pétri dans cette boue noire. J'étais un peu perdu entre le ciel bleu et blanc et la monotonie de ces couleurs, noir gluant du goudron ouvert, noir terne des habits, noir laqué de la voiture. Tout cela, le soleil, l'odeur de cuir et de crottin de la voiture, celle du vernis et celle de l'encens, la fatigue d'une nuit d'insomnie, me troublait le regard et les idées. Je me suis retourné une fois de plus : Pérez m'a paru très loin, perdu dans une nuée de chaleur, puis je ne l'ai plus aperçu. Je l'ai cherché du regard et j'ai vu qu'il avait quitté la route et pris à travers champs. J'ai constaté aussi que devant moi la route tournait. J'ai compris que Pérez qui connaissait le pays coupait au plus court pour nous rattraper. Au tournant il nous avait rejoints. Puis nous l'avons perdu. Il a repris encore à travers champs et comme cela plusieurs fois. Moi, je sentais le sang qui me battait aux tempes.

Tout s'est passé ensuite avec tant de précipitation, de certitude et de naturel, que je ne me souviens plus de rien.

Une chose seulement : à l'entrée du village, l'infirmière déléguée m'a parlé. Elle avait une voix singulière qui n'allait pas avec son visage, une voix mélodieuse et tremblante. Elle m'a dit : « Si on va doucement, on risque une insolation. Mais si on va trop vite, on est en transpiration et dans l'église on attrape un chaud et froid. » Elle avait raison. Il n'y avait pas d'issue. J'ai encore gardé quelques images de cette journée : par exemple, le visage de Pérez quand, pour la dernière fois, il nous a rejoints près du village. De grosses larmes d'énervement et de peine ruisselaient sur ses joues. Mais, à cause des rides, elles ne s'écoulaient pas. Elles s'étalaient, se rejoignaient et formaient un vernis d'eau sur ce visage détruit. Il y a eu encore l'église et les villageois sur les trottoirs, les géraniums rouges sur les tombes du cimetière, l'évanouissement de Pérez (on eût dit un pantin disloqué), la terre couleur de sang qui roulait sur la bière de maman, la chair blanche des racines qui s'y mêlaient, encore du monde, des voix, le village, l'attente devant un café, l'incessant ronflement du moteur, et ma joie quand l'autobus est entré dans le nid de lumières d'Alger et que j'ai pensé que j'allais me coucher et dormir pendant douze heures.

//

En me réveillant, j'ai compris pourquoi mon patron avait l'air mécontent quand je lui ai demandé mes deux jours de congé: c'est aujourd'hui samedi. Je l'avais pour ainsi dire oublié, mais en me levant, cette idée m'est venue. Mon patron, tout naturellement, a pensé que j'aurais ainsi quatre jours de vacances avec mon dimanche et cela ne pouvait pas lui faire plaisir. Mais d'une part, ce n'est pas ma faute si on a enterré maman hier au lieu d'aujourd'hui et d'autre part, j'aurais eu mon samedi et mon dimanche de toute façon. Bien entendu, cela ne m'empêche pas de comprendre tout de même mon patron.

J'ai eu de la peine à me lever parce que j'étais fatigué de ma journée d'hier. Pendant que je me rasais, je me suis demandé ce que j'allais faire et j'ai décidé d'aller me baigner. J'ai pris le tram pour aller à l'établissement de bains[1] du port. Là, j'ai plongé dans la passe[2]. Il y avait beaucoup de jeunes gens. J'ai retrouvé dans l'eau Marie Cardona, une ancienne dactylo de mon bureau dont j'avais eu envie à l'époque. Elle aussi, je crois. Mais elle est partie peu après et nous n'avons pas eu le temps. Je l'ai aidée à monter sur une bouée et, dans ce mouvement, j'ai effleuré ses seins. J'étais encore dans l'eau quand elle était déjà à plat ventre sur la bouée. Elle s'est retournée vers moi. Elle avait les cheveux dans les yeux et elle riait. Je me suis hissé à côté d'elle sur la bouée. Il faisait bon et, comme en plaisantant, j'ai laissé aller ma tête en arrière et je l'ai posée sur son

---

1. *Établissement de bains du port*: ici, lieu aménagé pour la baignade au port d'Alger.
2. *Passe*: chenal, bras de mer entre deux terres.

ventre. Elle n'a rien dit et je suis resté ainsi. J'avais tout le ciel dans les yeux et il était bleu et doré. Sous ma nuque, je sentais le ventre de Marie battre doucement. Nous sommes restés longtemps sur la bouée, à moitié endormis. Quand le soleil est devenu trop fort, elle a plongé et je l'ai suivie. Je l'ai rattrapée, j'ai passé ma main autour de sa taille et nous avons nagé ensemble. Elle riait toujours. Sur le quai, pendant que nous nous séchions, elle m'a dit : « Je suis plus brune que vous. » Je lui ai demandé si elle voulait venir au cinéma, le soir. Elle a encore ri et m'a dit qu'elle avait envie de voir un film avec Fernandel[1]. Quand nous nous sommes rhabillés, elle a eu l'air très surprise de me voir avec une cravate noire et elle m'a demandé si j'étais en deuil. Je lui ai dit que maman était morte. Comme elle voulait savoir depuis quand, j'ai répondu : « Depuis hier. » Elle a eu un petit recul, mais n'a fait aucune remarque. J'ai eu envie de lui dire que ce n'était pas ma faute, mais je me suis arrêté parce que j'ai pensé que je l'avais déjà dit à mon patron. Cela ne signifiait rien. De toute façon, on est toujours un peu fautif.

Le soir, Marie avait tout oublié. Le film était drôle par moments et puis vraiment trop bête. Elle avait sa jambe contre la mienne. Je lui caressais les seins. Vers la fin de la séance, je l'ai embrassée, mais mal. En sortant, elle est venue chez moi.

Quand je me suis réveillé, Marie était partie. Elle m'avait expliqué qu'elle devait aller chez sa tante. J'ai pensé que c'était dimanche et cela m'a ennuyé : je n'aime pas le dimanche. Alors, je me suis retourné dans mon lit, j'ai cherché dans le traversin l'odeur de sel que les cheveux de

---

1. *Fernandel* : chanteur et acteur français (1903-1971) ; c'est vers le début des années 1930 qu'il commence à être connu comme acteur dans des films comiques.

Marie y avaient laissée et j'ai dormi jusqu'à dix heures. J'ai fumé ensuite des cigarettes, toujours couché, jusqu'à midi. Je ne voulais pas déjeuner chez Céleste comme d'habitude parce que, certainement, ils m'auraient posé des questions et je n'aime pas cela. Je me suis fait cuire des œufs et je les ai mangés à même le plat, sans pain parce que je n'en avais plus et que je ne voulais pas descendre pour en acheter.

Après le déjeuner, je me suis ennuyé un peu et j'ai erré dans l'appartement. Il était commode quand maman était là. Maintenant il est trop grand pour moi et j'ai dû transporter dans ma chambre la table de la salle à manger. Je ne vis plus que dans cette pièce, entre les chaises de paille un peu creusées, l'armoire dont la glace est jaunie, la table de toilette et le lit de cuivre. Le reste est à l'abandon. Un peu plus tard, pour faire quelque chose, j'ai pris un vieux journal et je l'ai lu. J'y ai découpé une réclame des sels Kruschen et je l'ai collée dans un vieux cahier où je mets les choses qui m'amusent dans les journaux. Je me suis aussi lavé les mains et, pour finir, je me suis mis au balcon.

Ma chambre donne sur la rue principale du faubourg. L'après-midi était beau. Cependant, le pavé était gras, les gens rares et pressés encore. C'étaient d'abord des familles allant en promenade, deux petits garçons en costume marin, la culotte au-dessous du genou, un peu empêtrés dans leurs vêtements raides, et une petite fille avec un gros nœud rose et des souliers noirs vernis. Derrière eux, une mère énorme, en robe de soie marron, et le père, un petit homme assez frêle que je connais de vue. Il avait un canotier, un nœud papillon et une canne à la main. En le voyant avec sa femme, j'ai compris pourquoi dans le quartier on disait de lui qu'il était distingué. Un peu plus tard passèrent les jeunes gens du faubourg, cheveux laqués et cravate rouge, le veston très cintré, avec une pochette brodée et des souliers à bouts carrés. J'ai pensé qu'ils allaient aux cinémas du centre. C'était pourquoi ils partaient si tôt et se dépêchaient vers le tram en riant très fort.

Après eux, la rue peu à peu est devenue déserte. Les spectacles étaient partout commencés, je crois. Il n'y avait plus dans la rue que les boutiquiers et les chats. Le ciel était pur mais sans éclat au-dessus des ficus[1] qui bordent la rue. Sur le trottoir d'en face, le marchand de tabac a sorti une chaise, l'a installée devant sa porte et l'a enfourchée en s'appuyant des deux bras sur le dossier. Les trams tout à l'heure bondés étaient presque vides. Dans le petit café : « Chez Pierrot », à côté du marchand de tabac, le garçon balayait de la sciure dans la salle déserte. C'était vraiment dimanche.

J'ai retourné ma chaise et je l'ai placée comme celle du marchand de tabac parce que j'ai trouvé que c'était plus commode. J'ai fumé deux cigarettes, je suis rentré pour prendre un morceau de chocolat et je suis revenu le manger à la fenêtre. Peu après, le ciel s'est assombri et j'ai cru que nous allions avoir un orage d'été. Il s'est découvert peu à peu cependant. Mais le passage des nuées avait laissé sur la rue comme une promesse de pluie qui l'a rendue plus sombre. Je suis resté longtemps à regarder le ciel.

À cinq heures, des tramways sont arrivés dans le bruit. Ils ramenaient du stade de banlieue des grappes de spectateurs perchés sur les marchepieds et les rambardes. Les tramways suivants ont ramené les joueurs que j'ai reconnus à leurs petites valises. Ils hurlaient et chantaient à pleins poumons que leur club ne périrait pas. Plusieurs m'ont fait des signes. L'un m'a même crié : « On les a eus. » Et j'ai fait :

---

1. *Ficus* : type d'arbre.

« Oui », en secouant la tête. À partir de ce moment, les autos ont commencé à affluer.

La journée a tourné encore un peu. Au-dessus des toits, le ciel est devenu rougeâtre et, avec le soir naissant, les rues se sont animées. Les promeneurs revenaient peu à peu. J'ai reconnu le monsieur distingué au milieu d'autres. Les enfants pleuraient ou se laissaient traîner. Presque aussitôt, les cinémas du quartier ont déversé dans la rue un flot de spectateurs. Parmi eux, les jeunes gens avaient des gestes plus décidés que d'habitude et j'ai pensé qu'ils avaient vu un film d'aventures. Ceux qui revenaient des cinémas de la ville arrivèrent un peu plus tard. Ils semblaient plus graves. Ils riaient encore, mais de temps en temps, ils paraissaient fatigués et songeurs. Ils sont restés dans la rue, allant et venant sur le trottoir d'en face. Les jeunes filles du quartier, en cheveux, se tenaient par le bras. Les jeunes gens s'étaient arrangés pour les croiser et ils lançaient des plaisanteries dont elles riaient en détournant la tête. Plusieurs d'entre elles, que je connaissais, m'ont fait des signes.

Les lampes de la rue se sont alors allumées brusquement et elles ont fait pâlir les premières étoiles qui montaient dans la nuit. J'ai senti mes yeux se fatiguer à regarder ainsi les trottoirs avec leur chargement d'hommes et de lumières. Les lampes faisaient luire le pavé mouillé, et les tramways, à intervalles réguliers, mettaient leurs reflets sur des cheveux brillants, un sourire ou un bracelet d'argent. Peu après, avec les tramways plus rares et la nuit déjà noire au-dessus des arbres et des lampes, le quartier s'est vidé insensiblement, jusqu'à ce que le premier chat traverse lentement la rue de nouveau déserte. J'ai pensé alors qu'il fallait dîner. J'avais un peu mal au cou d'être resté longtemps appuyé sur le dos de ma chaise. Je suis descendu acheter du pain et des pâtes, j'ai fait ma cuisine et j'ai mangé debout. J'ai voulu fumer une cigarette à la fenêtre, mais l'air avait fraîchi et j'ai eu un peu froid. J'ai fermé mes fenêtres et en revenant j'ai vu dans la glace un bout de table où ma lampe à alcool voisinait avec des morceaux de pain. J'ai pensé que c'était toujours un dimanche de tiré, que maman était maintenant enterrée, que j'allais reprendre mon travail et que, somme toute, il n'y avait rien de changé.

///

Aujourd'hui j'ai beaucoup travaillé au bureau. Le patron a été aimable. Il m'a demandé si je n'étais pas trop fatigué et il a voulu savoir aussi l'âge de maman. J'ai dit « une soixantaine d'années », pour ne pas me tromper et je ne sais pas pourquoi il a eu l'air d'être soulagé et de considérer que c'était une affaire terminée.

Il y avait un tas de connaissements[1] qui s'amoncelaient sur ma table et il a fallu que je les dépouille tous. Avant de quitter le bureau pour aller déjeuner, je me suis lavé les mains. À midi, j'aime bien ce moment. Le soir, j'y trouve moins de plaisir parce que la serviette roulante qu'on utilise est tout à fait humide : elle a servi toute la journée. J'en ai fait la remarque un jour à mon patron. Il m'a répondu qu'il trouvait cela regrettable, mais que c'était tout de même un détail sans importance. Je suis sorti un peu tard, à midi et demi, avec Emmanuel, qui travaille à l'expédition. Le bureau donne sur la mer et nous avons perdu un moment à regarder les cargos dans le port brûlant de soleil. À ce moment, un camion est arrivé dans un fracas de chaînes et d'explosions. Emmanuel m'a demandé « si on y allait » et je me suis mis à courir. Le camion nous a dépassés et nous nous sommes lancés à sa poursuite. J'étais noyé dans le bruit et la poussière. Je ne voyais plus rien et ne sentais que cet élan désordonné de la course, au milieu des treuils et des machines, des mâts qui dansaient sur l'horizon et des coques que nous longions. J'ai pris appui le premier et j'ai sauté au vol. Puis j'ai aidé Emmanuel à s'asseoir.

---

1. *Connaissement* : contrat utilisé par les compagnies de transport maritime pour la réception et la livraison des marchandises.

Nous étions hors de souffle, le camion sautait sur les pavés inégaux du quai, au milieu de la poussière et du soleil. Emmanuel riait à perdre haleine.

Nous sommes arrivés en nage chez Céleste. Il était toujours là, avec son gros ventre, son tablier et ses moustaches blanches. Il m'a demandé si « ça allait quand même ». Je lui ai dit que oui et que j'avais faim. J'ai mangé très vite et j'ai pris du café. Puis je suis rentré chez moi, j'ai dormi un peu parce que j'avais trop bu de vin et, en me réveillant, j'ai eu envie de fumer. Il était tard et j'ai couru pour attraper un tram. J'ai travaillé tout l'après-midi. Il faisait très chaud dans le bureau et le soir, en sortant, j'ai été heureux de revenir en marchant lentement le long des quais. Le ciel était vert, je me sentais content. Tout de même, je suis rentré directement chez moi parce que je voulais me préparer des pommes de terre bouillies.

En montant, dans l'escalier noir, j'ai heurté le vieux Salamano, mon voisin de palier. Il était avec son chien. Il y a huit ans qu'on les voit ensemble. L'épagneul a une maladie de peau, le rouge, je crois, qui lui fait perdre presque tous ses poils et qui le couvre de plaques et de croûtes brunes. À force de vivre avec lui, seuls tous les deux dans une petite chambre, le vieux Salamano a fini par lui ressembler. Il a des croûtes rougeâtres sur le visage et le poil jaune et rare. Le chien, lui, a pris de son patron une sorte d'allure voûtée, le museau en avant et le cou tendu. Ils ont l'air de la même race et pourtant ils se détestent. Deux fois par jour, à onze heures et à six heures, le vieux mène son chien promener. Depuis huit ans, ils n'ont pas changé leur itinéraire. On peut les voir le long de la rue de Lyon, le chien tirant l'homme jusqu'à ce que le vieux Salamano bute. Il bat son chien alors et il l'insulte. Le chien rampe de frayeur et se laisse traîner. À ce moment, c'est au vieux de le tirer. Quand le chien a oublié, il entraîne de nouveau son maître et il est de nouveau battu et insulté. Alors, ils restent tous les deux sur le trottoir et ils se regardent, le chien avec terreur, l'homme avec haine. C'est ainsi tous les jours. Quand le chien veut uriner, le vieux ne lui en laisse pas le temps et il le tire, l'épagneul semant derrière lui une traînée de petites gouttes. Si par hasard le chien fait dans la chambre, alors il est encore battu. Il y a huit ans que cela dure. Céleste dit toujours que « c'est malheureux », mais au fond, personne ne peut savoir. Quand je l'ai rencontré dans l'escalier, Salamano était en train d'insulter son chien. Il lui disait : « Salaud ! Charogne ! » et le chien gémissait. J'ai dit : « Bonsoir », mais le vieux insultait toujours. Alors je lui ai demandé ce que le chien lui avait fait. Il ne m'a pas répondu. Il disait seulement : « Salaud ! Charogne ! » Je le devinais, penché sur son chien, en train d'arranger quelque chose sur le collier. J'ai parlé plus fort. Alors sans se retourner, il m'a répondu avec une sorte de rage rentrée : « Il est toujours là. » Puis il est parti en tirant la bête qui se laissait traîner sur ses quatre pattes, et gémissait.

Juste à ce moment est entré mon deuxième voisin de palier. Dans le quartier, on dit qu'il vit des femmes. Quand on lui demande son métier, pourtant, il est « magasinier ». En général, il n'est guère aimé. Mais il me parle souvent et quelquefois il passe un moment chez moi parce que je l'écoute. Je trouve que ce qu'il dit est intéressant. D'ailleurs, je n'ai aucune raison de ne pas lui parler. Il s'appelle Raymond Sintès. Il est assez petit, avec de larges épaules et un nez de boxeur. Il est toujours habillé très correctement. Lui aussi m'a dit, en parlant de Salamano : « Si c'est pas malheureux ! » Il m'a demandé si ça ne me dégoûtait pas et j'ai répondu que non.

Nous sommes montés et j'allais le quitter quand il m'a dit : « J'ai chez moi du boudin et du vin. Si vous voulez manger un morceau avec moi ?... » J'ai pensé que cela m'éviterait de faire ma cuisine et j'ai accepté. Lui aussi n'a qu'une chambre, avec une cuisine sans fenêtre. Au-dessus de son lit, il a un ange en stuc blanc et rose, des photos de champions et deux ou trois clichés de femmes nues. La chambre était sale et le lit défait. Il a d'abord allumé sa lampe à pétrole, puis il a sorti un pansement assez douteux de sa poche et a enveloppé sa main droite. Je lui ai demandé ce qu'il avait. Il m'a dit qu'il avait eu une bagarre avec un type qui lui cherchait des histoires.

« Vous comprenez, monsieur Meursault, m'a-t-il dit, c'est pas que je suis méchant, mais je suis vif. L'autre, il m'a dit : "Descends du tram si tu es un homme." Je lui ai dit : "Allez, reste tranquille." Il m'a dit que je n'étais pas un homme. Alors je suis descendu et je lui ai dit : "Assez, ça vaut mieux, ou je vais te mûrir[1]." Il m'a répondu : "De quoi ?" Alors je lui en ai donné un. Il est tombé. Moi, j'allais le relever. Mais il m'a donné des coups de pied de par terre. Alors je lui ai donné un coup de genou et deux taquets[2]. Il avait la figure en sang. Je lui ai demandé s'il avait son compte. Il m'a dit : "Oui." »

Pendant tout ce temps, Sintès arrangeait son pansement. J'étais assis sur le lit. Il m'a dit : « Vous voyez que je ne l'ai pas cherché. C'est lui qui m'a manqué. » C'était vrai et je l'ai reconnu. Alors il m'a déclaré que, justement, il voulait me demander un conseil au sujet de cette affaire, que moi, j'étais un homme, je connaissais la vie, que je

---

1. *Je vais te mûrir* : expression argotique qui signifie « changer en fruit mûr », c'est-à-dire frapper et blesser.
2. *Taquets* : terme d'argot qui signifie « gifle », « coup de pied ».

pouvais l'aider et qu'ensuite il serait mon copain. Je n'ai rien dit et il m'a demandé encore si je voulais être son copain. J'ai dit que ça m'était égal : il a eu l'air content. Il a sorti du boudin, il l'a fait cuire à la poêle, et il a installé des verres, des assiettes, des couverts et deux bouteilles de vin. Tout cela en silence. Puis nous nous sommes installés. En mangeant, il a commencé à me raconter son histoire. Il hésitait d'abord un peu. « J'ai connu une dame... c'était pour autant dire ma maîtresse. » L'homme avec qui il s'était battu était le frère de cette femme. Il m'a dit qu'il l'avait entretenue. Je n'ai rien répondu et pourtant il a ajouté tout de suite qu'il savait ce qu'on disait dans le quartier, mais qu'il avait sa conscience pour lui et qu'il était magasinier.

« Pour en venir à mon histoire, m'a-t-il dit, je me suis aperçu qu'il y avait de la tromperie. » Il lui donnait juste de quoi vivre. Il payait lui-même le loyer de sa chambre et il lui donnait vingt francs par jour pour la nourriture. « Trois cents francs de chambre, six cents francs de nour-riture, une paire de bas de temps en temps, ça faisait mille francs. Et madame ne travaillait pas. Mais elle me disait que c'était juste, qu'elle n'arrivait pas avec ce que je lui donnais. Pourtant, je lui disais : "Pourquoi tu travailles pas une demi-journée ? Tu me soulagerais bien pour toutes ces petites choses. Je t'ai acheté un ensemble ce mois-ci, je te paye vingt francs par jour, je te paye le loyer et toi, tu prends le café l'après-midi avec tes amies. Tu leur donnes le café et le sucre. Moi, je te donne l'argent. J'ai bien agi avec toi et tu me le rends mal." Mais elle ne travaillait pas, elle disait toujours qu'elle n'arrivait pas et c'est comme ça que je me suis aperçu qu'il y avait de la tromperie. »

Il m'a alors raconté qu'il avait trouvé un billet de loterie dans son sac et qu'elle n'avait pas pu lui expliquer comment elle l'avait acheté. Un peu plus tard, il avait trouvé chez

elle « une indication[1] » du mont-de-piété[2] qui prouvait
qu'elle avait engagé deux bracelets. Jusque-là, il ignorait
l'existence de ces bracelets. « J'ai bien vu qu'il y avait de la
tromperie. Alors, je l'ai quittée. Mais d'abord, je l'ai tapée.
Et puis, je lui ai dit ses vérités. Je lui ai dit que tout ce qu'elle
voulait, c'était s'amuser avec sa chose. Comme je lui ai dit,
vous comprenez, monsieur Meursault : « Tu ne vois pas
que le monde il est jaloux du bonheur que je te donne. Tu
connaîtras plus tard le bonheur que tu avais. »

Il l'avait battue jusqu'au sang. Auparavant, il ne la battait pas. « Je la tapais, mais tendrement pour ainsi dire.
Elle criait un peu. Je fermais les volets et ça finissait comme
toujours. Mais maintenant, c'est sérieux. Et pour moi, je
l'ai pas assez punie. »

Il m'a expliqué alors que c'était pour cela qu'il avait
besoin d'un conseil. Il s'est arrêté pour régler la mèche de
la lampe qui charbonnait. Moi, je l'écoutais toujours.
J'avais bu près d'un litre de vin et j'avais très chaud aux
tempes. Je fumais les cigarettes de Raymond parce qu'il
ne m'en restait plus. Les derniers trams passaient et empor-
taient avec eux les bruits maintenant lointains du faubourg. Raymond a continué. Ce qui l'ennuyait, « c'est qu'il
avait encore un sentiment pour son coït ». Mais il voulait
la punir. Il avait d'abord pensé à l'emmener dans un hôtel
et à appeler les « mœurs » pour causer un scandale et la
faire mettre en carte[3]. Ensuite, il s'était adressé à des amis
qu'il avait dans le milieu. Ils n'avaient rien trouvé. Et
comme me le faisait remarquer Raymond, c'était bien la

---

1. *Indication* : un reçu.
2. *Mont-de-piété* : organisme de prêt sur gage, particulièrement pour les plus
   démunis ; en 1918, en France, les monts-de-piété sont transformés en caisses
   de crédit municipal.
3. *Mettre en carte* : enregistrement auprès de la police de l'état de prostituée.

peine d'être du milieu. Il le leur avait dit et ils avaient alors proposé de la « marquer ». Mais ce n'était pas ce qu'il voulait. Il allait réfléchir. Auparavant il voulait me demander quelque chose. D'ailleurs, avant de me le demander, il voulait savoir ce que je pensais de cette histoire. J'ai répondu que je n'en pensais rien mais que c'était intéressant. Il m'a demandé si je pensais qu'il y avait de la tromperie, et moi, il me semblait bien qu'il y avait de la tromperie, si je trouvais qu'on devait la punir et ce que je ferais à sa place, je lui ai dit qu'on ne pouvait jamais savoir, mais je comprenais qu'il veuille la punir. J'ai encore bu un peu de vin. Il a allumé une cigarette et il m'a découvert son idée. Il voulait lui écrire une lettre « avec des coups de pied et en même temps des choses pour la faire regretter ». Après, quand elle reviendrait, il coucherait avec elle et « juste au moment de finir » il lui cracherait à la figure et il la mettrait dehors. J'ai trouvé qu'en effet, de cette façon, elle serait punie. Mais Raymond m'a dit qu'il ne se sentait pas capable de faire la lettre qu'il fallait et qu'il avait pensé à moi pour la rédiger. Comme je ne disais rien, il m'a demandé si cela m'ennuierait de le faire tout de suite et j'ai répondu que non.

Il s'est alors levé après avoir bu un verre de vin. Il a repoussé les assiettes et le peu de boudin froid que nous avions laissé. Il a soigneusement essuyé la toile cirée de la table. Il a pris dans un tiroir de sa table de nuit une feuille de papier quadrillé, une enveloppe jaune, un petit porte-plume de bois rouge et un encrier carré d'encre violette. Quand il m'a dit le nom de la femme, j'ai vu que c'était une Mauresque[1]. J'ai fait la lettre. Je l'ai écrite un peu au hasard, mais je me suis appliqué à contenter Raymond parce que

---

1. *Mauresque* : terme qui se rapporte aux Maures et dont la définition a changé au cours des siècles ; en Algérie française, on l'utilise parfois pour désigner les femmes arabes.

je n'avais pas de raison de ne pas le contenter. Puis j'ai lu la lettre à haute voix. Il m'a écouté en fumant et en hochant la tête, puis il m'a demandé de la relire. Il a été tout à fait content. Il m'a dit : « Je savais bien que tu connaissais la vie. » Je ne me suis pas aperçu d'abord qu'il me tutoyait. C'est seulement quand il m'a déclaré : « Maintenant, tu es un vrai copain », que cela m'a frappé. Il a répété sa phrase et j'ai dit : « Oui. » Cela m'était égal d'être son copain et il avait vraiment l'air d'en avoir envie. Il a cacheté la lettre et nous avons fini le vin. Puis nous sommes restés un moment à fumer sans rien dire. Au-dehors, tout était calme, nous avons entendu le glissement d'une auto qui passait. J'ai dit : « Il est tard. » Raymond le pensait aussi. Il a remarqué que le temps passait vite et, dans un sens, c'était vrai. J'avais sommeil, mais j'avais de la peine à me lever. J'ai dû avoir l'air fatigué parce que Raymond m'a dit qu'il ne fallait pas se laisser aller. D'abord, je n'ai pas compris. Il m'a expliqué alors qu'il avait appris la mort de maman mais que c'était une chose qui devait arriver un jour ou l'autre. C'était aussi mon avis.

Je me suis levé, Raymond m'a serré la main très fort et m'a dit qu'entre hommes on se comprenait toujours. En sortant de chez lui, j'ai refermé la porte et je suis resté un moment dans le noir, sur le palier. La maison était calme et des profondeurs de la cage d'escalier montait un souffle obscur et humide. Je n'entendais que les coups de mon sang qui bourdonnait à mes oreilles. Je suis resté immobile. Mais dans la chambre du vieux Salamano, le chien a gémi sourdement.

IV

J'ai bien travaillé toute la semaine, Raymond est venu et m'a dit qu'il avait envoyé la lettre. Je suis allé au cinéma deux fois avec Emmanuel qui ne comprend pas toujours ce qui se passe sur l'écran. Il faut alors lui donner des explications. Hier, c'était samedi et Marie est venue, comme nous en étions convenus. J'ai eu très envie d'elle parce qu'elle avait une belle robe à raies rouges et blanches et des sandales de cuir. On devinait ses seins durs et le brun du soleil lui faisait un visage de fleur. Nous avons pris un autobus et nous sommes allés à quelques kilomètres d'Alger, sur une plage resserrée entre des rochers et bordée de roseaux du côté de la terre. Le soleil de quatre heures n'était pas trop chaud, mais l'eau était tiède, avec de petites vagues longues et paresseuses. Marie m'a appris un jeu. Il fallait, en nageant, boire à la crête des vagues, accumuler dans sa bouche toute l'écume et se mettre ensuite sur le dos pour la projeter contre le ciel. Cela faisait alors une dentelle mousseuse qui disparaissait dans l'air ou me retombait en pluie tiède sur le visage. Mais au bout de quelque temps, j'avais la bouche brûlée par l'amertume du sel. Marie m'a rejoint alors et s'est collée à moi dans l'eau. Elle a mis sa bouche contre la mienne. Sa langue rafraîchissait mes lèvres et nous nous sommes roulés dans les vagues pendant un moment.

Quand nous nous sommes rhabillés sur la plage, Marie me regardait avec des yeux brillants. Je l'ai embrassée. À partir de ce moment, nous n'avons plus parlé. Je l'ai tenue contre moi et nous avons été pressés de trouver un autobus, de rentrer, d'aller chez moi et de nous jeter sur mon lit.

J'avais laissé ma fenêtre ouverte et c'était bon de sentir la nuit d'été couler sur nos corps bruns.

Ce matin, Marie est restée et je lui ai dit que nous déjeunerions ensemble. Je suis descendu pour acheter de la viande. En remontant, j'ai entendu une voix de femme dans la chambre de Raymond. Un peu après, le vieux Salamano a grondé son chien, nous avons entendu un bruit de semelles et de griffes sur les marches en bois de l'escalier et puis : « Salaud, charogne », ils sont sortis dans la rue. J'ai raconté à Marie l'histoire du vieux et elle a ri. Elle avait un de mes pyjamas dont elle avait retroussé les manches. Quand elle a ri, j'ai eu encore envie d'elle. Un moment après, elle m'a demandé si je l'aimais. Je lui ai répondu que cela ne voulait rien dire, mais qu'il me semblait que non. Elle a eu l'air triste. Mais en préparant le déjeuner, et à propos de rien, elle a encore ri de telle façon que je l'ai embrassée. C'est à ce moment que les bruits d'une dispute ont éclaté chez Raymond.

On a d'abord entendu une voix aiguë de femme et puis Raymond qui disait : « Tu m'as manqué[1], tu m'as manqué. Je vais t'apprendre à me manquer. » Quelques bruits sourds et la femme a hurlé, mais de si terrible façon qu'immédiatement le palier s'est empli de monde. Marie et moi nous sommes sortis aussi. La femme criait toujours et Raymond frappait toujours. Marie m'a dit que c'était terrible et je n'ai rien répondu. Elle m'a demandé d'aller chercher un agent, mais je lui ai dit que je n'aimais pas les agents. Pourtant, il en est arrivé un avec le locataire du deuxième qui est plombier. Il a frappé à la porte et on n'a plus rien entendu. Il a frappé plus fort et au bout d'un moment, la

---

1. *Tu m'as manqué* : manquer de respect, commettre une faute à l'égard de quelqu'un.

femme a pleuré et Raymond a ouvert. Il avait une cigarette à la bouche et l'air doucereux. La fille s'est précipitée à la porte et a déclaré à l'agent que Raymond l'avait frappée. « Ton nom », a dit l'agent. Raymond a répondu. « Enlève ta cigarette de la bouche quand tu me parles », a dit l'agent. Raymond a hésité, m'a regardé et a tiré sur sa cigarette. À ce moment, l'agent l'a giflé à toute volée d'une claque épaisse et lourde, en pleine joue. La cigarette est tombée quelques mètres plus loin. Raymond a changé de visage, mais il n'a rien dit sur le moment et puis il a demandé d'une voix humble s'il pouvait ramasser son mégot. L'agent a déclaré qu'il le pouvait et il a ajouté : « Mais la prochaine fois, tu sauras qu'un agent n'est pas un guignol. » Pendant ce temps, la fille pleurait et elle a répété « Il m'a tapée. C'est un maquereau. » — « Monsieur l'agent, a demandé alors Raymond, c'est dans la loi, ça, de dire maquereau à un homme ? » Mais l'agent lui a ordonné « de fermer sa gueule ». Raymond s'est alors retourné vers la fille et il lui a dit : « Attends, petite, on se retrouvera. » L'agent lui a dit de fermer ça, que la fille devait partir et lui rester dans sa chambre en attendant d'être convoqué au commissariat. Il a ajouté que Raymond devrait avoir honte d'être soûl au point de trembler comme il le faisait. À ce moment, Raymond lui a expliqué : « Je ne suis pas soûl, monsieur l'agent. Seulement, je suis là, devant vous, et je tremble, c'est forcé. » Il a fermé sa porte et tout le monde est parti. Marie et moi avons fini de préparer le déjeuner. Mais elle n'avait pas faim, j'ai presque tout mangé. Elle est partie à une heure et j'ai dormi un peu.

Vers trois heures, on a frappé à ma porte et Raymond est entré. Je suis resté couché. Il s'est assis sur le bord de mon lit. Il est resté un moment sans parler et je lui ai demandé comment son affaire s'était passée. Il m'a raconté qu'il avait fait ce qu'il voulait mais qu'elle lui avait donné une gifle et qu'alors il l'avait battue. Pour le reste, je l'avais vu. Je lui ai dit qu'il me semblait que maintenant elle était punie et qu'il devait être content. C'était aussi son avis, et il a observé que l'agent avait beau faire, il ne changerait rien aux coups qu'elle avait reçus. Il a ajouté qu'il connaissait bien les agents et qu'il savait comment il fallait s'y prendre avec eux. Il m'a demandé alors si j'avais attendu qu'il réponde à la gifle de l'agent. J'ai répondu que je n'attendais rien du tout et que d'ailleurs je n'aimais pas les agents. Raymond a eu l'air très content. Il m'a demandé si je voulais sortir avec lui. Je me suis levé et j'ai commencé à me peigner. Il m'a dit qu'il fallait que je lui serve de témoin. Moi cela m'était égal, mais je ne savais pas ce que je devais dire. Selon Raymond, il suffisait de déclarer que la fille lui avait manqué. J'ai accepté de lui servir de témoin.

Nous sommes sortis et Raymond m'a offert une fine[1]. Puis il a voulu faire une partie de billard et j'ai perdu de justesse. Il voulait ensuite aller au bordel, mais j'ai dit non parce que je n'aime pas ça. Alors nous sommes rentrés doucement et il me disait combien il était content d'avoir réussi à punir sa maîtresse. Je le trouvais très gentil avec moi et j'ai pensé que c'était un bon moment.

De loin, j'ai aperçu sur le pas de la porte le vieux Salamano qui avait l'air agité. Quand nous nous sommes rapprochés, j'ai vu qu'il n'avait pas son chien. Il regardait de tous les cotés, tournait sur lui-même, tentait de percer le noir du couloir, marmonnait des mots sans suite et recommençait à fouiller la rue de ses petits yeux rouges. Quand Raymond lui a demandé ce qu'il avait, il n'a pas répondu tout de suite. J'ai vaguement entendu qu'il mur-

---

1. *Fine*: liqueur fine; métonymie, pour désigner une eau-de-vie.

murait : « Salaud, charogne », et il continuait à s'agiter. Je
lui ai demandé où était son chien. Il m'a répondu brusquement qu'il était parti. Et puis tout d'un coup, il a parlé avec
volubilité : « Je l'ai emmené au Champ de Manœuvres[1],
comme d'habitude. Il y avait du monde, autour des
baraques foraines. Je me suis arrêté pour regarder "le Roi
de l'Évasion[2]". Et quand j'ai voulu repartir, il n'était plus
là. Bien sûr, il y a longtemps que je voulais lui acheter un
collier moins grand. Mais je n'aurais jamais cru que cette
charogne pourrait partir comme ça. »

Raymond lui a expliqué alors que le chien avait pu
s'égarer et qu'il allait revenir. Il lui a cité des exemples de
chiens qui avaient fait des dizaines de kilomètres pour
retrouver leur maître. Malgré cela, le vieux a eu l'air plus
agité. « Mais ils me le prendront, vous comprenez. Si encore
quelqu'un le recueillait. Mais ce n'est pas possible, il
dégoûte tout le monde avec ses croûtes. Les agents le prendront, c'est sûr. » Je lui ai dit alors qu'il devait aller à la
fourrière et qu'on le lui rendrait moyennant le paiement
de quelques droits. Il m'a demandé si ces droits étaient
élevés. Je ne savais pas. Alors, il s'est mis en colère :
« Donner de l'argent pour cette charogne. Ah ! il peut bien
crever ! » Et il s'est mis à l'insulter. Raymond a ri et a péné-
tré dans la maison. Je l'ai suivi et nous nous sommes quittés sur le palier de l'étage. Un moment après, j'ai entendu
le pas du vieux et il a frappé à ma porte. Quand j'ai ouvert,
il est resté un moment sur le seuil et il m'a dit : « Excusez-

---

1. *Champ de Manœuvres* : très grand terrain d'abord destiné aux exercices de
   manœuvres militaires. Vers 1928, le Ministère de la Guerre en octroie une partie
   à la ville d'Alger, qui l'aménage, dans un premier temps, en parc pour les
   citoyens. Parmi les différentes activités récréatives, une foire foraine s'y instal-
   lait pour environ deux mois, l'été.
2. *Le Roi de l'Évasion* : périphrase qualifiant l'illusionniste américain d'origine
   hongroise Harry Houdini (1874-1928) ; comme l'action du récit se déroule dans
   les années 1930, il s'agit probablement ici d'un émule du grand Houdini.

moi, excusez-moi. » Je l'ai invité à entrer, mais il n'a pas voulu. Il regardait la pointe de ses souliers et ses mains croûteuses tremblaient. Sans me faire face, il m'a demandé : « Ils ne vont pas me le prendre, dites, monsieur Meursault. Ils vont me le rendre. Ou qu'est-ce que je vais devenir ? » Je lui ai dit que la fourrière gardait les chiens trois jours à la disposition de leurs propriétaires et qu'ensuite elle en faisait ce que bon lui semblait. Il m'a regardé en silence. Puis il m'a dit : « Bonsoir. » Il a fermé sa porte et je l'ai entendu aller et venir. Son lit a craqué. Et au bizarre petit bruit qui a traversé la cloison, j'ai compris qu'il pleurait. Je ne sais pas pourquoi j'ai pensé à maman. Mais il fallait que je me lève tôt le lendemain. Je n'avais pas faim et je me suis couché sans dîner.

V

Raymond m'a téléphoné au bureau. Il m'a dit qu'un de ses amis (il lui avait parlé de moi) m'invitait à passer la journée de dimanche dans son cabanon[1], près d'Alger. J'ai répondu que je le voulais bien, mais que j'avais promis ma journée à une amie. Raymond m'a tout de suite déclaré qu'il l'invitait aussi. La femme de son ami serait très contente de ne pas être seule au milieu d'un groupe d'hommes.

J'ai voulu raccrocher tout de suite parce que je sais que le patron n'aime pas qu'on nous téléphone de la ville. Mais Raymond m'a demandé d'attendre et il m'a dit qu'il aurait pu me transmettre cette invitation le soir, mais qu'il voulait m'avertir d'autre chose. Il avait été suivi toute la journée par un groupe d'Arabes parmi lesquels se trouvait le frère de son ancienne maîtresse. « Si tu le vois près de la maison ce soir en rentrant, avertis-moi. » J'ai dit que c'était entendu.

Peu après, le patron m'a fait appeler et sur le moment j'ai été ennuyé parce que j'ai pensé qu'il allait me dire de moins téléphoner et de mieux travailler. Ce n'était pas cela du tout. Il m'a déclaré qu'il allait me parler d'un projet encore très vague. Il voulait seulement avoir mon avis sur la question. Il avait l'intention d'installer un bureau à Paris qui traiterait ses affaires sur la place, et directement, avec les grandes compagnies et il voulait savoir si j'étais disposé à y aller. Cela me permettrait de vivre à Paris et aussi de voyager une partie de l'année. « Vous êtes jeune, et il me semble que c'est une vie qui doit vous plaire. » J'ai dit que oui mais que dans le fond cela m'était égal. Il m'a demandé

---

1. *Cabanon*: chalet de plage.

alors si je n'étais pas intéressé par un changement de vie. J'ai répondu qu'on ne changeait jamais de vie, qu'en tout cas toutes se valaient et que la mienne ici ne me déplaisait pas du tout. Il a eu l'air mécontent, m'a dit que je répondais toujours à côté, que je n'avais pas d'ambition et que cela était désastreux dans les affaires. Je suis retourné travailler alors. J'aurais préféré ne pas le mécontenter, mais je ne voyais pas de raison pour changer ma vie. En y réfléchissant bien, je n'étais pas malheureux. Quand j'étais étudiant, j'avais beaucoup d'ambitions de ce genre. Mais quand j'ai dû abandonner mes études, j'ai très vite compris que tout cela était sans importance réelle.

Le soir, Marie est venue me chercher et m'a demandé si je voulais me marier avec elle. J'ai dit que cela m'était égal et que nous pourrions le faire si elle le voulait. Elle a voulu savoir alors si je l'aimais. J'ai répondu comme je l'avais déjà fait une fois, que cela ne signifiait rien mais que sans doute je ne l'aimais pas. « Pourquoi m'épouser alors ? » a-t-elle dit. Je lui ai expliqué que cela n'avait aucune importance et que si elle le désirait, nous pouvions nous marier. D'ailleurs, c'était elle qui le demandait et moi je me contentais de dire oui. Elle a observé alors que le mariage était une chose grave. J'ai répondu : « Non. » Elle s'est tue un moment et elle m'a regardé en silence. Puis elle a parlé. Elle voulait simplement savoir si j'aurais accepté la même proposition venant d'une autre femme, à qui je serais attaché de la même façon. J'ai dit : « Naturellement. » Elle s'est demandé alors si elle m'aimait et moi, je ne pouvais rien savoir sur ce point. Après un autre moment de silence, elle a murmuré que j'étais bizarre, qu'elle m'aimait sans doute à cause de cela mais que peut-être un jour je la dégoûterais pour les mêmes raisons. Comme je me taisais, n'ayant rien à ajouter, elle m'a pris le bras en souriant et elle a déclaré qu'elle voulait se marier avec moi. J'ai répondu que nous le ferions dès qu'elle le voudrait. Je lui ai parlé alors de la proposition du patron et Marie m'a dit qu'elle aimerait connaître Paris. Je lui ai appris que j'y avais vécu dans un temps et elle m'a demandé comment c'était. Je lui ai dit : « C'est sale. Il y a des pigeons et des cours noires. Les gens ont la peau blanche. »

Puis nous avons marché et traversé la ville par ses grandes rues. Les femmes étaient belles et j'ai demandé à Marie si elle le remarquait. Elle m'a dit que oui et qu'elle me comprenait. Pendant un moment, nous n'avons plus parlé. Je voulais cependant qu'elle reste avec moi et je lui ai dit que nous pouvions dîner ensemble chez Céleste. Elle en avait bien envie, mais elle avait à faire. Nous étions près de chez moi et je lui ai dit au revoir. Elle m'a regardé : « Tu ne veux pas savoir ce que j'ai à faire ? » Je voulais bien le savoir, mais je n'y avais pas pensé et c'est ce qu'elle avait l'air de me reprocher. Alors, devant mon air empêtré, elle a encore ri et elle a eu vers moi un mouvement de tout le corps pour me tendre sa bouche.

J'ai dîné chez Céleste. J'avais déjà commencé à manger lorsqu'il est entré une bizarre petite femme qui m'a demandé si elle pouvait s'asseoir à ma table. Naturellement, elle le pouvait. Elle avait des gestes saccadés et des yeux brillants dans une petite figure de pomme. Elle s'est débarrassée de sa jaquette, s'est assise et a consulté fiévreusement la carte. Elle a appelé Céleste et a commandé immédiatement tous ses plats d'une voix à la fois précise et précipitée. En attendant les hors-d'œuvre, elle a ouvert son sac, en a sorti un petit carré de papier et un crayon, a fait d'avance l'addition, puis a tiré d'un gousset, augmentée du pourboire, la somme exacte qu'elle a placée devant elle. À ce moment, on lui a apporté des hors-d'œuvre qu'elle a engloutis à toute vitesse. En attendant le plat suivant, elle a encore sorti de son sac un crayon bleu et un magazine qui donnait les programmes radiophoniques de la semaine. Avec beaucoup de soin, elle a coché une à une presque toutes les émissions. Comme le magazine avait une douzaine de pages, elle a continué ce travail méticuleusement pendant tout le repas. J'avais déjà fini qu'elle cochait encore avec la même application. Puis elle s'est levée, a remis sa jaquette avec les mêmes gestes précis d'automate et elle est partie. Comme je n'avais rien à faire, je suis sorti aussi et je l'ai suivie un moment. Elle s'était placée sur la bordure du trottoir et avec une vitesse et une sûreté incroyables, elle suivait son chemin sans dévier et sans se retourner. J'ai fini par la perdre de vue et par revenir sur mes pas. J'ai pensé qu'elle était bizarre, mais je l'ai oubliée assez vite.

Sur le pas de ma porte, j'ai trouvé le vieux Salamano. Je l'ai fait entrer et il m'a appris que son chien était perdu, car il n'était pas à la fourrière. Les employés lui avaient dit que, peut-être, il avait été écrasé. Il avait demandé s'il n'était pas possible de le savoir dans les commissariats. On lui avait répondu qu'on ne gardait pas trace de ces choses-là, parce qu'elles arrivaient tous les jours. J'ai dit au vieux Salamano qu'il pourrait avoir un autre chien, mais il a eu raison de me faire remarquer qu'il était habitué à celui-là.

J'étais accroupi sur mon lit et Salamano s'était assis sur une chaise devant la table. Il me faisait face et il avait ses deux mains sur les genoux. Il avait gardé son vieux feutre. Il mâchonnait des bouts de phrases sous sa moustache jaunie. Il m'ennuyait un peu, mais je n'avais rien à faire et je n'avais pas sommeil. Pour dire quelque chose, je l'ai interrogé sur son chien. Il m'a dit qu'il l'avait eu après la mort de sa femme. Il s'était marié assez tard. Dans sa jeunesse, il avait eu envie de faire du théâtre : au régiment il jouait dans les vaudevilles militaires. Mais finalement, il était entré dans les chemins de fer et il ne le regrettait pas, parce que maintenant il avait une petite retraite. Il n'avait pas été heureux avec sa femme, mais dans l'ensemble il s'était bien habitué à elle. Quand elle était morte, il s'était senti très seul. Alors, il avait demandé un chien à un camarade d'atelier et il avait eu celui-là très jeune. Il avait fallu le nourrir au biberon. Mais comme un chien vit moins qu'un homme, ils avaient fini par être vieux ensemble. « Il avait mauvais caractère, m'a dit Salamano. De temps en temps, on avait des prises de bec. Mais c'était un bon chien quand même. » J'ai dit qu'il était de belle race et Salamano a eu l'air content. « Et encore, a-t-il ajouté, vous ne l'avez pas connu avant sa maladie. C'était le poil qu'il avait de plus beau. » Tous les soirs et tous les matins, depuis que le chien avait eu cette maladie de peau, Salamano le passait à la pommade. Mais selon lui, sa vraie maladie, c'était la vieillesse, et la vieillesse ne se guérit pas.

À ce moment, j'ai bâillé et le vieux m'a annoncé qu'il allait partir. Je lui ai dit qu'il pouvait rester, et que j'étais ennuyé de ce qui était arrive à son chien : il m'a remercié. Il m'a dit que maman aimait beaucoup son chien. En parlant d'elle, il l'appelait « votre pauvre mère ». Il a émis la supposition que je devais être bien malheureux depuis que maman était morte et je n'ai rien répondu. Il m'a dit alors, très vite et avec un air gêné, qu'il savait que dans le quartier on m'avait mal jugé parce que j'avais mis ma mère à l'asile, mais il me connaissait et il savait que j'aimais beaucoup maman. J'ai répondu, je ne sais pas encore pourquoi, que j'ignorais jusqu'ici qu'on me jugeât mal à cet égard, mais que l'asile m'avait paru une chose naturelle puisque je n'avais pas assez d'argent pour faire garder maman.

« D'ailleurs, ai-je ajouté, il y avait longtemps qu'elle n'avait rien à me dire et qu'elle s'ennuyait toute seule. — Oui, m'a-t-il dit, et à l'asile, du moins, on se fait des camarades. » Puis il s'est excusé. Il voulait dormir. Sa vie avait changé maintenant et il ne savait pas trop ce qu'il allait faire. Pour la première fois depuis que je le connaissais, d'un geste furtif, il m'a tendu la main et j'ai senti les écailles de sa peau. Il a souri un peu et avant de partir, il m'a dit : « J'espère que les chiens n'aboieront pas cette nuit. Je crois toujours que c'est le mien. »

VI

Le dimanche, j'ai eu de la peine à me réveiller et il a fallu que Marie m'appelle et me secoue. Nous n'avons pas mangé parce que nous voulions nous baigner tôt. Je me sentais tout à fait vide et j'avais un peu mal à la tête. Ma cigarette avait un goût amer. Marie s'est moquée de moi parce qu'elle disait que j'avais « une tête d'enterrement ». Elle avait mis une robe de toile blanche et lâché ses cheveux. Je lui ai dit qu'elle était belle, elle a ri de plaisir.

En descendant, nous avons frappé à la porte de Raymond. Il nous a répondu qu'il descendait. Dans la rue, à cause de ma fatigue et aussi parce que nous n'avions pas ouvert les persiennes, le jour, déjà tout plein de soleil, m'a frappé comme une gifle. Marie sautait de joie et n'arrêtait pas de dire qu'il faisait beau. Je me suis senti mieux et je me suis aperçu que j'avais faim. Je l'ai dit à Marie qui m'a montré son sac en toile cirée où elle avait mis nos deux maillots et une serviette. Je n'avais plus qu'à attendre et nous avons entendu Raymond fermer sa porte. Il avait un pantalon bleu et une chemise blanche à manches courtes. Mais il avait mis un canotier, ce qui a fait rire Marie, et ses avant-bras étaient très blancs sous les poils noirs. J'en étais un peu dégoûté. Il sifflait en descendant et il avait l'air très content. Il m'a dit : « Salut, vieux », et il a appelé Marie « mademoiselle ».

La veille nous étions allés au commissariat et j'avais témoigné que la fille avait « manqué » à Raymond. Il en a été quitte pour un avertissement. On n'a pas contrôlé mon affirmation. Devant la porte, nous en avons parlé avec Raymond, puis nous avons décidé de prendre l'autobus.

La plage n'était pas très loin, mais nous irions plus vite ainsi. Raymond pensait que son ami serait content de nous voir arriver tôt. Nous allions partir quand Raymond, tout d'un coup, m'a fait signe de regarder en face. J'ai vu un groupe d'Arabes adossés à la devanture du bureau de tabac. Ils nous regardaient en silence, mais à leur manière, ni plus ni moins que si nous étions des pierres ou des arbres morts. Raymond m'a dit que le deuxième à partir de la gauche était son type, et il a eu l'air préoccupé. Il a ajouté que, pourtant, c'était maintenant une histoire finie. Marie ne comprenait pas très bien et nous a demandé ce qu'il y avait. Je lui ai dit que c'étaient des Arabes qui en voulaient à Raymond. Elle a voulu qu'on parte tout de suite. Raymond s'est redressé et il a ri en disant qu'il fallait se dépêcher.

Nous sommes allés vers l'arrêt d'autobus qui était un peu plus loin et Raymond m'a annoncé que les Arabes ne nous suivaient pas. Je me suis retourné. Ils étaient toujours à la même place et ils regardaient avec la même indifférence l'endroit que nous venions de quitter. Nous avons pris l'autobus. Raymond, qui paraissait tout à fait soulagé, n'arrêtait pas de faire des plaisanteries pour Marie. J'ai senti qu'elle lui plaisait, mais elle ne lui répondait presque pas. De temps en temps, elle le regardait en riant.

Nous sommes descendus dans la banlieue d'Alger. La plage n'est pas loin de l'arrêt d'autobus. Mais il a fallu traverser un petit plateau qui domine la mer et qui dévale ensuite vers la plage. Il était couvert de pierres jaunâtres et d'asphodèles[1] tout blancs sur le bleu déjà dur du ciel. Marie s'amusait à en éparpiller les pétales à grands coups de son sac de toile cirée. Nous avons marché entre des files de petites villas à barrières vertes ou blanches, quelques-

---

1. *Asphodèles*: plantes qui se terminent par de grandes fleurs en forme d'étoiles.

unes enfouies avec leurs vérandas sous les tamaris[1], quelques autres nues au milieu des pierres. Avant d'arriver au bord du plateau, on pouvait voir déjà la mer immobile et plus loin un cap somnolent et massif dans l'eau claire. Un léger bruit de moteur est monté dans l'air calme jusqu'à nous. Et nous avons vu, très loin, un petit chalutier qui avançait, imperceptiblement, sur la mer éclatante. Marie a cueilli quelques iris de roche. De la pente qui descendait vers la mer nous avons vu qu'il y avait déjà quelques baigneurs.

L'ami de Raymond habitait un petit cabanon de bois à l'extrémité de la plage. La maison était adossée à des rochers et les pilotis qui la soutenaient sur le devant baignaient déjà dans l'eau. Raymond nous a présentés. Son ami s'appelait Masson. C'était un grand type, massif de taille et d'épaules, avec une petite femme ronde et gentille, à l'accent parisien. Il nous a dit tout de suite de nous mettre à l'aise et qu'il y avait une friture de poissons qu'il avait pêchés le matin même. Je lui ai dit combien je trouvais sa maison jolie. Il m'a appris qu'il y venait passer le samedi, le dimanche et tous ses jours de congé. « Avec ma femme, on s'entend bien », a-t-il ajouté. Justement, sa femme riait avec Marie. Pour la première fois peut-être, j'ai pensé vraiment que j'allais me marier.

Masson voulait se baigner, mais sa femme et Raymond ne voulaient pas venir. Nous sommes descendus tous les trois et Marie s'est immédiatement jetée dans l'eau. Masson et moi, nous avons attendu un peu. Lui parlait lentement et j'ai remarqué qu'il avait l'habitude de compléter tout ce qu'il avançait par un « et je dirai plus », même quand, au fond, il n'ajoutait rien au sens de sa phrase. À propos de

---

1. *Tamaris*: type d'arbre à fines fleurs.

Marie, il m'a dit : « Elle est épatante, et je dirai plus, char-
mante. » Puis je n'ai plus fait attention à ce tic parce que
j'étais occupé à éprouver que le soleil me faisait du bien.
Le sable commençait à chauffer sous les pieds. J'ai retardé
encore l'envie que j'avais de l'eau, mais j'ai fini par dire
à Masson : « On y va ? » J'ai plongé. Lui est entré dans
l'eau doucement et s'est jeté quand il a perdu pied. Il
nageait à la brasse et assez mal, de sorte que je l'ai laissé
pour rejoindre Marie. L'eau était froide et j'étais content
de nager. Avec Marie, nous nous sommes éloignés et
nous nous sentions d'accord dans nos gestes et dans
notre contentement.

Au large, nous avons fait la planche et sur mon visage
tourné vers le ciel le soleil écartait les derniers voiles d'eau
qui me coulaient dans la bouche. Nous avons vu que
Masson regagnait la plage pour s'étendre au soleil. De loin,
il paraissait énorme. Marie a voulu que nous nagions
ensemble. Je me suis mis derrière elle pour la prendre par
la taille et elle avançait à la force des bras pendant que je
l'aidais en battant des pieds. Le petit bruit de l'eau battue
nous a suivis dans le matin jusqu'à ce que je me sente
fatigué. Alors j'ai laissé Marie et je suis rentré en nageant
régulièrement et en respirant bien. Sur la plage, je me suis
étendu à plat ventre près de Masson et j'ai mis ma figure
dans le sable. Je lui ai dit que « c'était bon » et il était de cet
avis. Peu après, Marie est venue. Je me suis retourné pour
la regarder avancer. Elle était toute visqueuse d'eau salée
et elle tenait ses cheveux en arrière. Elle s'est allongée flanc
à flanc avec moi et les deux chaleurs de son corps et du
soleil m'ont un peu endormi.

Marie m'a secoué et m'a dit que Masson était remonté
chez lui, il fallait déjeuner. Je me suis levé tout de suite
parce que j'avais faim, mais Marie m'a dit que je ne l'avais

pas embrassée depuis ce matin. C'était vrai et pourtant j'en avais envie. « Viens dans l'eau », m'a-t-elle dit. Nous avons couru pour nous étaler dans les premières petites vagues. Nous avons fait quelques brasses et elle s'est collée contre moi. J'ai senti ses jambes autour des miennes et je l'ai désirée.

Quand nous sommes revenus, Masson nous appelait déjà. J'ai dit que j'avais très faim et il a déclaré tout de suite à sa femme que je lui plaisais. Le pain était bon, j'ai dévoré ma part de poisson. Il y avait ensuite de la viande et des pommes de terre frites. Nous mangions tous sans parler. Masson buvait souvent du vin et il me servait sans arrêt. Au café, j'avais la tête un peu lourde et j'ai fumé beaucoup. Masson, Raymond et moi, nous avons envisagé de passer ensemble le mois d'août à la plage, à frais communs. Marie nous a dit tout d'un coup : « Vous savez quelle heure il est ? Il est onze heures et demie. » Nous étions tous étonnés, mais Masson a dit qu'on avait mangé très tôt, et que c'était naturel parce que l'heure du déjeuner, c'était l'heure où l'on avait faim. Je ne sais pas pourquoi cela a fait rire Marie. Je crois qu'elle avait un peu trop bu. Masson m'a demandé alors si je voulais me promener sur la plage avec lui. « Ma femme fait toujours la sieste après le déjeuner. Moi, je n'aime pas ça. Il faut que je marche. Je lui dis toujours que c'est meilleur pour la santé. Mais après tout, c'est son droit. » Marie a déclaré qu'elle resterait pour aider Mme Masson à faire la vaisselle. La petite Parisienne a dit que pour cela, il fallait mettre les hommes dehors. Nous sommes descendus tous les trois.

Le soleil tombait presque d'aplomb sur le sable et son éclat sur la mer était insoutenable. Il n'y avait plus personne sur la plage. Dans les cabanons qui bordaient le plateau et qui surplombaient la mer, on entendait des bruits d'assiettes et de couverts. On respirait à peine dans la chaleur de pierre qui montait du sol. Pour commencer, Raymond et Masson ont parlé de choses et de gens que je ne connaissais pas. J'ai compris qu'il y avait longtemps qu'ils se connaissaient et qu'ils avaient même vécu ensemble à un moment. Nous nous sommes dirigés vers l'eau et nous avons longé la mer. Quelquefois, une petite vague plus longue que l'autre venait mouiller nos souliers de toile. Je ne pensais à rien parce que j'étais à moitié endormi par ce soleil sur ma tête nue.

À ce moment, Raymond a dit à Masson quelque chose que j'ai mal entendu. Mais j'ai aperçu en même temps, tout au bout de la plage et très loin de nous, deux Arabes en bleu de chauffe[1] qui venaient dans notre direction. J'ai regardé Raymond et il m'a dit : « C'est lui. » Nous avons continué à marcher. Masson a demandé comment ils avaient pu nous suivre jusque-là. J'ai pensé qu'ils avaient dû nous voir prendre l'autobus avec un sac de plage, mais je n'ai rien dit.

Les Arabes avançaient lentement et ils étaient déjà beaucoup plus rapprochés. Nous n'avons pas changé notre allure, mais Raymond a dit : « S'il y a de la bagarre, toi, Masson, tu prendras le deuxième. Moi, je me charge de mon type. Toi, Meursault, s'il en arrive un autre, il est pour toi. » J'ai dit : « Oui » et Masson a mis ses mains dans les poches. Le sable surchauffé me semblait rouge maintenant. Nous avancions d'un pas égal vers les Arabes. La distance entre nous a diminué régulièrement. Quand nous avons été à quelques pas les uns des autres, les Arabes se sont arrêtés. Masson et moi nous avons ralenti notre pas. Raymond est allé tout droit vers son type. J'ai mal entendu

---

1. *Bleu de chauffe* : combinaison d'ouvrier habituellement en toile bleue.

ce qu'il lui a dit, mais l'autre a fait mine de lui donner un coup de tête. Raymond a frappé alors une première fois et il a tout de suite appelé Masson. Masson est allé à celui qu'on lui avait désigné et il a frappé deux fois avec tout son poids. L'Arabe s'est aplati dans l'eau, la face contre le fond, et il est resté quelques secondes ainsi, des bulles crevant à la surface, autour de sa tête. Pendant ce temps Raymond aussi a frappé et l'autre avait la figure en sang. Raymond s'est retourné vers moi et a dit : « Tu vas voir ce qu'il va prendre. » Je lui ai crié : « Attention, il a un couteau ! » Mais déjà Raymond avait le bras ouvert et la bouche tailladée.

Masson a fait un bond en avant. Mais l'autre Arabe s'était relevé et il s'est placé derrière celui qui était armé. Nous n'avons pas osé bouger. Ils ont reculé lentement, sans cesser de nous regarder et de nous tenir en respect avec le couteau. Quand ils ont vu qu'ils avaient assez de champ, ils se sont enfuis très vite, pendant que nous restions cloués sous le soleil et que Raymond tenait serré son bras dégouttant de sang.

Masson a dit immédiatement qu'il y avait un docteur qui passait ses dimanches sur le plateau. Raymond a voulu y aller tout de suite. Mais chaque fois qu'il parlait, le sang de sa blessure faisait des bulles dans sa bouche. Nous l'avons soutenu et nous sommes revenus au cabanon aussi vite que possible. Là, Raymond a dit que ses blessures étaient superficielles et qu'il pouvait aller chez le docteur. Il est parti avec Masson et je suis resté pour expliquer aux femmes ce qui était arrivé. Mme Masson pleurait et Marie était très pâle. Moi, cela m'ennuyait de leur expliquer. J'ai fini par me taire et j'ai fumé en regardant la mer.

Vers une heure et demie, Raymond est revenu avec Masson. Il avait le bras bandé et du sparadrap au coin de la bouche. Le docteur lui avait dit que ce n'était rien, mais

Raymond avait l'air très sombre. Masson a essayé de le faire rire. Mais il ne parlait toujours pas. Quand il a dit qu'il descendait sur la plage, je lui ai demandé où il allait. Il m'a répondu qu'il voulait prendre l'air. Masson et moi avons dit que nous allions l'accompagner. Alors, il s'est mis en colère et nous a insultés. Masson a déclaré qu'il ne fallait pas le contrarier. Moi, je l'ai suivi quand même.

Nous avons marché longtemps sur la plage. Le soleil était maintenant écrasant. Il se brisait en morceaux sur le sable et sur la mer. J'ai eu l'impression que Raymond savait où il allait, mais c'était sans doute faux. Tout au bout de la plage, nous sommes arrivés enfin à une petite source qui coulait dans le sable, derrière un gros rocher. Là, nous avons trouvé nos deux Arabes. Ils étaient couchés, dans leurs bleus de chauffe graisseux. Ils avaient l'air tout à fait calmes et presque contents. Notre venue n'a rien changé. Celui qui avait frappé Raymond le regardait sans rien dire. L'autre soufflait dans un petit roseau et répétait sans cesse, en nous regardant du coin de l'œil, les trois notes qu'il obtenait de son instrument.

Pendant tout ce temps, il n'y a plus eu que le soleil et ce silence, avec le petit bruit de la source et les trois notes. Puis Raymond a porté la main à sa poche revolver, mais l'autre n'a pas bougé et ils se regardaient toujours. J'ai remarqué que celui qui jouait de la flûte avait les doigts des pieds très écartés. Mais sans quitter des yeux son adversaire, Raymond m'a demandé : « Je le descends ? » J'ai pensé que si je disais non il s'exciterait tout seul et tirerait certainement. Je lui ai seulement dit : « Il ne t'a pas encore parlé. Ça ferait vilain de tirer comme ça. » On a encore entendu le petit bruit d'eau et de flûte au cœur du silence et de la chaleur. Puis Raymond a dit : « Alors, je vais l'insulter et quand il répondra, je le descendrai. » J'ai répondu :

« C'est ça. Mais s'il ne sort pas son couteau, tu ne peux pas tirer. » Raymond a commencé à s'exciter un peu. L'autre jouait toujours et tous deux observaient chaque geste de Raymond. « Non, ai-je dit à Raymond. Prends-le d'homme à homme et donne-moi ton revolver. Si l'autre intervient, ou s'il tire son couteau, je le descendrai. »

Quand Raymond m'a donné son revolver, le soleil a glissé dessus. Pourtant, nous sommes restés encore immobiles comme si tout s'était refermé autour de nous. Nous nous regardions sans baisser les yeux et tout s'arrêtait ici entre la mer, le sable et le soleil, le double silence de la flûte et de l'eau. J'ai pensé à ce moment qu'on pouvait tirer ou ne pas tirer. Mais brusquement, les Arabes, à reculons, se sont coulés derrière le rocher. Raymond et moi sommes alors revenus sur nos pas. Lui paraissait mieux et il a parlé de l'autobus du retour.

Je l'ai accompagné jusqu'au cabanon et, pendant qu'il gravissait l'escalier de bois, je suis resté devant la première marche, la tête retentissante de soleil, découragé devant l'effort qu'il fallait faire pour monter l'étage de bois et aborder encore les femmes. Mais la chaleur était telle qu'il m'était pénible aussi de rester immobile sous la pluie aveuglante qui tombait du ciel. Rester ici ou partir, cela revenait au même. Au bout d'un moment, je suis retourné vers la plage et je me suis mis à marcher.

C'était le même éclatement rouge. Sur le sable, la mer haletait de toute la respiration rapide et étouffée de ses petites vagues. Je marchais lentement vers les rochers et je sentais mon front se gonfler sous le soleil. Toute cette chaleur s'appuyait sur moi et s'opposait à mon avance. Et chaque fois que je sentais son grand souffle chaud sur mon visage, je serrais les dents, je fermais les poings dans les poches de mon pantalon, je me tendais tout entier pour triompher du soleil et de cette ivresse opaque qu'il me déversait. À chaque épée de lumière jaillie du sable, d'un coquillage blanchi ou d'un débris de verre, mes mâchoires se crispaient. J'ai marché longtemps.

Je voyais de loin la petite masse sombre du rocher entourée d'un halo aveuglant par la lumière et la poussière de mer. Je pensais à la source fraîche derrière le rocher. J'avais envie de retrouver le murmure de son eau, envie de fuir le soleil, l'effort et les pleurs de femme, envie enfin de retrouver l'ombre et son repos. Mais quand j'ai été plus près, j'ai vu que le type de Raymond était revenu.

Il était seul. Il reposait sur le dos, les mains sous la nuque, le front dans les ombres du rocher, tout le corps au soleil. Son bleu de chauffe fumait dans la chaleur. J'ai été un peu surpris. Pour moi, c'était une histoire finie et j'étais venu là sans y penser.

Dès qu'il m'a vu, il s'est soulevé un peu et a mis la main dans sa poche. Moi, naturellement, j'ai serré le revolver de Raymond dans mon veston. Alors de nouveau, il s'est laissé aller en arrière, mais sans retirer la main de sa poche. J'étais assez loin de lui, à une dizaine de mètres. Je devinais son regard par instants, entre ses paupières mi-closes. Mais le plus souvent, son image dansait devant mes yeux, dans l'air enflammé. Le bruit des vagues était encore plus paresseux, plus étalé qu'à midi. C'était le même soleil, la même lumière sur le même sable qui se prolongeait ici. Il y avait déjà deux heures que la journée n'avançait plus, deux heures qu'elle avait jeté l'ancre dans un océan de métal bouillant. À l'horizon, un petit vapeur est passé et j'en ai deviné la tache noire au bord de mon regard, parce que je n'avais pas cessé de regarder l'Arabe.

J'ai pensé que je n'avais qu'un demi-tour à faire et ce serait fini. Mais toute une plage vibrante de soleil se pressait derrière moi. J'ai fait quelques pas vers la source. L'Arabe n'a pas bougé. Malgré tout, il était encore assez loin. Peut-être à cause des ombres sur son visage, il avait l'air de rire. J'ai attendu. La brûlure du soleil gagnait mes joues et j'ai senti des gouttes de sueur s'amasser dans mes sourcils. C'était le même soleil que le jour où j'avais enterré maman et, comme alors, le front surtout me faisait mal et toutes ses veines battaient ensemble sous la peau. À cause de cette brûlure que je ne pouvais plus supporter, j'ai fait un mouvement en avant. Je savais que c'était stupide, que je ne me débarrasserais pas du soleil en me déplaçant d'un pas. Mais j'ai fait un pas, un seul pas en avant. Et cette fois, sans se soulever, L'Arabe a tiré son couteau qu'il m'a présenté dans le soleil. La lumière a giclé sur l'acier et c'était comme une longue lame étincelante qui m'atteignait au front. Au même instant, la sueur amassée dans mes sourcils a coulé d'un coup sur les paupières et les a recouvertes d'un voile tiède et épais. Mes yeux étaient aveuglés derrière ce rideau de larmes et de sel. Je ne sentais plus que les cymbales du soleil sur mon front et, indistinctement, le glaive éclatant jailli du couteau toujours en face de moi. Cette épée brûlante rongeait mes cils et fouillait mes yeux douloureux. C'est alors que tout a vacillé. La mer a charrié un souffle épais et ardent. Il m'a semblé que le ciel s'ouvrait sur toute son étendue pour laisser pleuvoir du feu. Tout mon être s'est tendu et j'ai crispé ma main sur le revolver. La gâchette a cédé, j'ai touché le ventre poli de la crosse et c'est là, dans le bruit à la fois sec et assourdissant, que tout a commencé. J'ai secoué la sueur et le soleil. J'ai compris que j'avais détruit l'équilibre du jour, le silence exceptionnel d'une plage où j'avais été heureux. Alors, j'ai tiré encore quatre fois sur un corps inerte où les balles s'enfonçaient sans qu'il y parût. Et c'était comme quatre coups brefs que je frappais sur la porte du malheur.

/

DEUXIÈME PARTIE

Tout de suite après mon arrestation, j'ai été interrogé plusieurs fois. Mais il s'agissait d'interrogatoires d'identité qui n'ont pas duré longtemps. La première fois au commissariat, mon affaire semblait n'intéresser personne. Huit jours après, le juge d'instruction, au contraire, m'a regardé avec curiosité. Mais pour commencer, il m'a seulement demandé mon nom et mon adresse, ma profession, la date et le lieu de ma naissance. Puis il a voulu savoir si j'avais choisi un avocat. J'ai reconnu que non et je l'ai questionné pour savoir s'il était absolument nécessaire d'en avoir un. « Pourquoi ? » a-t-il dit. J'ai répondu que je trouvais mon affaire très simple. Il a souri en disant : « C'est un avis. Pourtant, la loi est là. Si vous ne choisissez pas d'avocat, nous en désignerons un d'office. » J'ai trouvé qu'il était très commode que la justice se chargeât de ces détails. Je le lui ai dit. Il m'a approuvé et a conclu que la loi était bien faite.

Au début, je ne l'ai pas pris au sérieux. Il m'a reçu dans une pièce tendue de rideaux, il avait sur son bureau une seule lampe qui éclairait le fauteuil où il m'a fait asseoir pendant que lui-même restait dans l'ombre. J'avais déjà lu une description semblable dans des livres et tout cela m'a paru un jeu. Après notre conversation, au contraire, je l'ai regardé et j'ai vu un homme aux traits fins, aux yeux bleus enfoncés, grand, avec une longue moustache grise et d'abondants cheveux presque blancs. Il m'a paru très raisonnable et, somme toute, sympathique, malgré quelques tics nerveux qui lui tiraient la bouche. En sortant, j'allais même lui tendre la main, mais je me suis souvenu à temps que j'avais tué un homme.

Le lendemain, un avocat est venu me voir à la prison. Il était petit et rond, assez jeune, les cheveux soigneusement collés. Malgré la chaleur (j'étais en manches de chemise), il avait un costume sombre, un col cassé et une cravate bizarre à grosses raies noires et blanches. Il a posé sur mon lit la serviette qu'il portait sous le bras, s'est présenté et m'a dit qu'il avait étudié mon dossier. Mon affaire était délicate, mais il ne doutait pas du succès, si je lui faisais confiance. Je l'ai remercié et il m'a dit : « Entrons dans le vif du sujet. »

Il s'est assis sur le lit et m'a expliqué qu'on avait pris des renseignements sur ma vie privée. On avait su que ma mère était morte récemment à l'asile. On avait alors fait une enquête à Marengo. Les instructeurs avaient appris que « j'avais fait preuve d'insensibilité » le jour de l'enterrement de maman. « Vous comprenez, m'a dit mon avocat, cela me gêne un peu de vous demander cela. Mais c'est très important. Et ce sera un gros argument pour l'accusation, si je ne trouve rien à répondre. » Il voulait que je l'aide. Il m'a demandé si j'avais eu de la peine ce jour-là. Cette question m'a beaucoup étonné et il me semblait que j'aurais été très gêné si j'avais eu à la poser. J'ai répondu cependant que j'avais un peu perdu l'habitude de m'interroger et qu'il m'était difficile de le renseigner. Sans doute, j'aimais bien maman, mais cela ne voulait rien dire. Tous les êtres sains avaient plus ou moins souhaité la mort de ceux qu'ils aimaient. Ici, l'avocat m'a coupé et a paru très agité. Il m'a fait promettre de ne pas dire cela à l'audience, ni chez le magistrat instructeur. Cependant, je lui ai expliqué que

j'avais une nature telle que mes besoins physiques déran-
geaient souvent mes sentiments. Le jour où j'avais enterré
maman, j'étais très fatigué et j'avais sommeil. De sorte que
je ne me suis pas rendu compte de ce qui se passait. Ce que
je pouvais dire à coup sûr, c'est que j'aurais préféré que
maman ne mourût pas. Mais mon avocat n'avait pas l'air
content. Il m'a dit : « Ceci n'est pas assez. »

Il a réfléchi. Il m'a demandé s'il pouvait dire que ce
jour-là j'avais dominé mes sentiments naturels. Je lui ai
dit : « Non, parce que c'est faux. » Il m'a regardé d'une façon
bizarre, comme si je lui inspirais un peu de dégoût. Il m'a
dit presque méchamment que dans tous les cas le directeur
et le personnel de l'asile seraient entendus comme témoins
et que « cela pouvait me jouer un très sale tour ». Je lui ai
fait remarquer que cette histoire n'avait pas de rapport
avec mon affaire, mais il m'a répondu seulement qu'il était
visible que je n'avais jamais eu de rapports avec la justice.

Il est parti avec un air fâché. J'aurais voulu le retenir,
lui expliquer que je désirais sa sympathie, non pour être
mieux défendu, mais, si je puis dire, naturellement. Surtout,
je voyais que je le mettais mal à l'aise. Il ne me comprenait
pas et il m'en voulait un peu. J'avais le désir de lui affirmer
que j'étais comme tout le monde, absolument comme tout
le monde. Mais tout cela, au fond, n'avait pas grande utilité
et j'y ai renoncé par paresse.

Peu de temps après, j'étais conduit de nouveau devant
le juge d'instruction. Il était deux heures de l'après-midi
et cette fois, son bureau était plein d'une lumière à peine
tamisée par un rideau de voile. Il faisait très chaud. Il m'a
fait asseoir et avec beaucoup de courtoisie m'a déclaré que
mon avocat, « par suite d'un contretemps », n'avait pu
venir. Mais j'avais le droit de ne pas répondre à ses questions et d'attendre que mon avocat pût m'assister. J'ai dit

que je pouvais répondre seul. Il a touché du doigt un bouton sur la table. Un jeune greffier est venu s'installer presque dans mon dos.

Nous nous sommes tous les deux carrés dans nos fauteuils. L'interrogatoire a commencé. Il m'a d'abord dit qu'on me dépeignait comme étant d'un caractère taciturne et renfermé et il a voulu savoir ce que j'en pensais. J'ai répondu : « C'est que je n'ai jamais grand-chose à dire. Alors je me tais. » Il a souri comme la première fois, a reconnu que c'était la meilleure des raisons et a ajouté : « D'ailleurs, cela n'a aucune importance. » Il s'est tu, m'a regardé et s'est redressé assez brusquement pour me dire très vite : « Ce qui m'intéresse, c'est vous. » Je n'ai pas bien compris ce qu'il entendait par là et je n'ai rien répondu. « Il y a des choses, a-t-il ajouté, qui m'échappent dans votre geste. Je suis sûr que vous allez m'aider à les comprendre. » J'ai dit que tout était très simple. Il m'a pressé de lui retracer ma journée. Je lui ai retracé ce que déjà je lui avais raconté : Raymond, la plage, le bain, la querelle, encore la plage, la petite source, le soleil et les cinq coups de revolver. À chaque phrase il disait : « Bien, bien. » Quand je suis arrivé au corps étendu, il a approuvé en disant : « Bon. » Moi, j'étais lassé de répéter ainsi la même histoire et il me semblait que je n'avais jamais autant parlé.

Après un silence, il s'est levé et m'a dit qu'il voulait m'aider, que je l'intéressais et qu'avec l'aide de Dieu, il ferait quelque chose pour moi. Mais auparavant, il voulait me poser encore quelques questions. Sans transition, il m'a demandé si j'aimais maman. J'ai dit : « Oui, comme tout le monde » et le greffier, qui jusqu'ici tapait régulièrement sur sa machine, a dû se tromper de touches, car il s'est embarrassé et a été obligé de revenir en arrière. Toujours sans logique apparente, le juge m'a alors demandé si j'avais tiré les cinq coups de revolver à la suite. J'ai réfléchi et précisé que j'avais tiré une seule fois d'abord et, après quelques secondes, les quatre autres coups. « Pourquoi avez-vous attendu entre le premier et le second coup ? » dit-il alors. Une fois de plus, j'ai revu la plage rouge et j'ai senti sur mon front la brûlure du soleil. Mais cette fois, je n'ai rien répondu. Pendant tout le silence qui a suivi le juge a eu l'air de s'agiter. Il s'est assis, a fourragé dans ses cheveux, a mis ses coudes sur son bureau et s'est penché un peu vers moi avec un air étrange : « Pourquoi, pourquoi avez-vous tiré sur un corps à terre ? » Là encore, je n'ai pas su répondre. Le juge a passé ses mains sur son front et a répété sa question d'une voix un peu altérée : « Pourquoi ? Il faut que vous me le disiez. Pourquoi ? » Je me taisais toujours.

Brusquement, il s'est levé, a marché à grands pas vers une extrémité de son bureau et a ouvert un tiroir dans un classeur. Il en a tiré un crucifix d'argent qu'il a brandi en revenant vers moi. Et d'une voix toute changée, presque tremblante, il s'est écrié : « Est-ce que vous le connaissez, celui-là ? » J'ai dit : « Oui, naturellement. » Alors il m'a dit très vite et d'une façon passionnée que lui croyait en Dieu, que sa conviction était qu'aucun homme n'était assez coupable pour que Dieu ne lui pardonnât pas, mais qu'il fallait pour cela que l'homme par son repentir devînt comme un enfant dont l'âme est vide et prête à tout accueillir. Il avait tout son corps penché sur la table. Il agitait son crucifix presque au-dessus de moi. À vrai dire, je l'avais très mal suivi dans son raisonnement, d'abord parce que j'avais chaud et qu'il y avait dans son cabinet de grosses mouches qui se posaient sur ma figure, et aussi parce qu'il me faisait un peu peur. Je reconnaissais en même temps que c'était ridicule parce que, après tout, c'était moi le criminel. Il a continué pourtant. J'ai à peu près compris qu'à son avis il n'y avait qu'un point d'obscur dans ma confession, le fait d'avoir attendu pour tirer mon second coup de revolver. Pour le reste, c'était très bien, mais cela, il ne le comprenait pas.

J'allais lui dire qu'il avait tort de s'obstiner : ce dernier point n'avait pas tellement d'importance. Mais il m'a coupé et m'a exhorté une dernière fois, dressé de toute sa hauteur, en me demandant si je croyais en Dieu. J'ai répondu que non. Il s'est assis avec indignation. Il m'a dit que c'était impossible, que tous les hommes croyaient en Dieu, même ceux qui se détournaient de son visage. C'était là sa conviction et, s'il devait jamais en douter, sa vie n'aurait plus de sens. « Voulez-vous, s'est-il exclamé, que ma vie n'ait pas de sens ? » À mon avis, cela ne me regardait pas et je le lui ai dit. Mais à travers la table, il avançait déjà le Christ sous mes yeux et s'écriait d'une façon déraisonnable : « Moi, je suis chrétien. Je demande pardon de tes fautes à celui-là. Comment peux-tu ne pas croire qu'il a souffert pour toi ? » J'ai bien remarqué qu'il me tutoyait, mais j'en avais assez. La chaleur se faisait de plus en plus grande. Comme toujours, quand j'ai envie de me débarrasser de quelqu'un que j'écoute à peine, j'ai eu l'air d'approuver. À ma surprise, il a triomphé : « Tu vois, tu vois, disait-il. N'est-ce pas que tu crois et que tu vas te confier à lui ? » Évidemment, j'ai dit non une fois de plus. Il est retombé sur son fauteuil.

Il avait l'air très fatigué. Il est resté un moment silencieux pendant que la machine, qui n'avait pas cessé de suivre le dialogue, en prolongeait encore les dernières phrases. Ensuite, il m'a regardé attentivement et avec un peu de tristesse. Il a murmuré : « Je n'ai jamais vu d'âme aussi endurcie que la vôtre. Les criminels qui sont venus devant moi ont toujours pleuré devant cette image de la douleur. » J'allais répondre que c'était justement parce qu'il s'agissait de criminels. Mais j'ai pensé que moi aussi j'étais comme eux. C'était une idée à quoi je ne pouvais pas me faire. Le juge s'est alors levé, comme s'il me signifiait que l'interrogatoire était terminé. Il m'a seulement demandé du même air un peu las si je regrettais mon acte. J'ai réfléchi et j'ai dit que, plutôt que du regret véritable, j'éprouvais un certain ennui. J'ai eu l'impression qu'il ne me comprenait pas. Mais ce jour-là les choses ne sont pas allées plus loin.

Par la suite j'ai souvent revu le juge d'instruction. Seulement, j'étais accompagné de mon avocat à chaque fois. On se bornait à me faire préciser certains points de mes déclarations précédentes. Ou bien encore le juge discutait les charges avec mon avocat. Mais en vérité ils ne s'occupaient jamais de moi à ces moments-là. Peu à peu en tout cas, le ton des interrogatoires a changé. Il semblait que le juge ne s'intéressât plus à moi et qu'il eût classé mon cas en quelque sorte. Il ne m'a plus parlé de Dieu et je ne l'ai jamais revu dans l'excitation de ce premier jour. Le résultat, c'est que nos entretiens sont devenus plus cordiaux. Quelques questions, un peu de conversation avec mon avocat, les interrogatoires étaient finis. Mon affaire suivait son cours, selon l'expression même du juge. Quelquefois aussi, quand la conversation était d'ordre général, on m'y mêlait. Je commençais à respirer. Personne, en ces heures-là, n'était méchant avec moi. Tout était si naturel, si bien réglé et si sobrement joué que j'avais l'impression ridicule de «faire partie de la famille». Et au bout des onze mois qu'a duré cette instruction, je peux dire que je m'étonnais presque de m'être jamais réjoui d'autre chose que de ces rares instants où le juge me reconduisait à la porte de son cabinet en me frappant sur l'épaule et en me disant d'un air cordial: «C'est fini pour aujourd'hui, monsieur l'Antéchrist.» On me remettait alors entre les mains des gendarmes.

//

Il y a des choses dont je n'ai jamais aimé parler. Quand je suis entré en prison, j'ai compris au bout de quelques jours que je n'aimerais pas parler de cette partie de ma vie.

Plus tard, je n'ai plus trouvé d'importance à ces répugnances. En réalité, je n'étais pas réellement en prison les premiers jours : j'attendais vaguement quelque événement nouveau. C'est seulement après la première et la seule visite de Marie que tout a commencé. Du jour où j'ai reçu sa lettre (elle me disait qu'on ne lui permettait plus de venir parce qu'elle n'était pas ma femme), de ce jour-là, j'ai senti que j'étais chez moi dans ma cellule et que ma vie s'y arrêtait. Le jour de mon arrestation, on m'a d'abord enfermé dans une chambre où il y avait déjà plusieurs détenus, la plupart des Arabes. Ils ont ri en me voyant. Puis ils m'ont demandé ce que j'avais fait. J'ai dit que j'avais tué un Arabe et ils sont restés silencieux. Mais un moment après, le soir est tombé. Ils m'ont expliqué comment il fallait arranger la natte où je devais coucher. En roulant une des extrémités, on pouvait en faire un traversin. Toute la nuit, des punaises ont couru sur mon visage. Quelques jours après, on m'a isolé dans une cellule où je couchais sur un bat-flanc[1] de bois. J'avais un baquet d'aisances[2] et une cuvette de fer. La prison était tout en haut de la ville et, par une petite fenêtre, je pouvais voir la mer. C'est un jour que j'étais agrippé aux barreaux, mon visage tendu vers la lumière, qu'un gardien est entré et m'a dit que j'avais une visite. J'ai pensé que c'était Marie. C'était bien elle.

---

1. *Bat-flanc* : ici, une banquette de bois.
2. *Baquet d'aisances* : terme d'argot désignant un récipient utilisé comme urinoir.

J'ai suivi pour aller au parloir un long corridor, puis un escalier et pour finir un autre couloir. Je suis entré dans une très grande salle éclairée par une vaste baie. La salle était séparée en trois parties par deux grandes grilles qui la coupaient dans sa longueur. Entre les deux grilles se trouvait un espace de huit à dix mètres qui séparait les visiteurs des prisonniers. J'ai aperçu Marie en face de moi avec sa robe à raies et son visage bruni. De mon côté, il y avait une dizaine de détenus, des Arabes pour la plupart. Marie était entourée de Mauresques et se trouvait entre deux visiteuses : une petite vieille aux lèvres serrées, habillée de noir, et une grosse femme en cheveux qui parlait très fort avec beaucoup de gestes. À cause de la distance entre les grilles, les visiteurs et les prisonniers étaient obligés de parler très haut. Quand je suis entré, le bruit des voix qui rebondissaient contre les grands murs nus de la salle, la lumière crue qui coulait du ciel sur les vitres et rejaillissait dans la salle, me causèrent une sorte d'étourdissement. Ma cellule était plus calme et plus sombre. Il m'a fallu quelques secondes pour m'adapter. Pourtant, j'ai fini par voir chaque visage avec netteté, détaché dans le plein jour. J'ai observé qu'un gardien se tenait assis à l'extrémité du couloir entre les deux grilles. La plupart des prisonniers arabes ainsi que leurs familles s'étaient accroupis en vis-à-vis. Ceux-là ne criaient pas. Malgré le tumulte, ils parvenaient à s'entendre en parlant très bas. Leur murmure sourd, parti de plus bas, formait comme une basse continue aux conversations qui s'entrecroisaient au-dessus de leurs têtes. Tout cela, je l'ai remarqué très vite en m'avançant vers Marie. Déjà collée contre la grille, elle me souriait de toutes ses forces. Je l'ai trouvée très belle, mais je n'ai pas su le lui dire.

« Alors ? m'a-t-elle dit très haut. — Alors, voilà. — Tu es bien, tu as tout ce que tu veux ? — Oui, tout. »

Nous nous sommes tus et Marie souriait toujours. La grosse femme hurlait vers mon voisin, son mari sans doute, un grand type blond au regard franc. C'était la suite d'une conversation déjà commencée.

« Jeanne n'a pas voulu le prendre, criait-elle à tue-tête. — Oui, oui, disait l'homme. — Je lui ai dit que tu le reprendrais en sortant, mais elle n'a pas voulu le prendre. »

Marie a crié de son côté que Raymond me donnait le bonjour et j'ai dit : « Merci. » Mais ma voix a été couverte par mon voisin qui a demandé « s'il allait bien ». Sa femme a ri en disant « qu'il ne s'était jamais mieux porté ». Mon voisin de gauche, un petit jeune homme aux mains fines, ne disait rien. J'ai remarqué qu'il était en face de la petite vieille et que tous les deux se regardaient avec intensité. Mais je n'ai pas eu le temps de les observer plus longtemps parce que Marie m'a crié qu'il fallait espérer. J'ai dit : « Oui. » En même temps, je la regardais et j'avais envie de serrer son épaule par-dessus sa robe. J'avais envie de ce tissu fin et je ne savais pas très bien ce qu'il fallait espérer en dehors de lui. Mais c'était bien sans doute ce que Marie voulait dire parce qu'elle souriait toujours. Je ne voyais plus que l'éclat de ses dents et les petits plis de ses yeux. Elle a crié de nouveau : « Tu sortiras et on se mariera ! » J'ai répondu : « Tu crois ? » mais c'était surtout pour dire quelque chose. Elle a dit alors très vite et toujours très haut que oui, que je serais acquitté et qu'on prendrait encore des bains[1]. Mais l'autre femme hurlait de son côté et disait qu'elle avait laissé un panier au greffe. Elle énumérait tout ce qu'elle y avait mis. Il fallait vérifier, car tout cela coûtait cher. Mon autre voisin et sa mère se regardaient toujours.

---

1. *Prendre des bains* : aller à la plage.

Le murmure des Arabes continuait au-dessous de nous. Dehors la lumière a semblé se gonfler contre la baie.

Je me sentais un peu malade et j'aurais voulu partir. Le bruit me faisait mal. Mais d'un autre côté, je voulais profiter encore de la présence de Marie. Je ne sais pas combien de temps a passé. Marie m'a parlé de son travail et elle souriait sans arrêt. Le murmure, les cris, les conversations se croisaient. Le seul îlot de silence était à côté de moi dans ce petit jeune homme et cette vieille qui se regardaient. Peu à peu, on a emmené les Arabes. Presque tout le monde s'est tu dès que le premier est sorti. La petite vieille s'est rapprochée des barreaux et, au même moment, un gardien a fait signe à son fils. Il a dit : « Au revoir, maman » et elle a passé sa main entre deux barreaux pour lui faire un petit signe lent et prolongé.

Elle est partie pendant qu'un homme entrait, le chapeau à la main, et prenait sa place. On a introduit un prisonnier et ils se sont parlé avec animation, mais à demi-voix, parce que la pièce était redevenue silencieuse. On est venu chercher mon voisin de droite et sa femme lui a dit sans baisser le ton comme si elle n'avait pas remarqué qu'il n'était plus nécessaire de crier : « Soigne-toi bien et fais attention. » Puis est venu mon tour. Marie a fait signe qu'elle m'embrassait. Je me suis retourné avant de disparaître. Elle était immobile, le visage écrasé contre la grille, avec le même sourire écartelé et crispé.

C'est peu après qu'elle m'a écrit. Et c'est à partir de ce moment qu'ont commencé les choses dont je n'ai jamais aimé parler. De toute façon, il ne faut rien exagérer et cela m'a été plus facile qu'à d'autres. Au début de ma détention, pourtant, ce qui a été le plus dur, c'est que j'avais des pensées d'homme libre. Par exemple, l'envie me prenait d'être sur une plage et de descendre vers la mer. À imaginer le bruit des premières vagues sous la plante de mes pieds, l'entrée du corps dans l'eau et la délivrance que j'y trouvais, je sentais tout d'un coup combien les murs de ma prison étaient rapprochés. Mais cela dura quelques mois. Ensuite, je n'avais que des pensées de prisonnier. J'attendais la promenade quotidienne que je faisais dans la cour ou la visite de mon avocat. Je m'arrangeais très bien avec le reste de mon temps. J'ai souvent pensé alors que si l'on m'avait fait vivre dans un tronc d'arbre sec, sans autre occupation que de regarder la fleur du ciel au-dessus de ma tête, je m'y serais peu à peu habitué. J'aurais attendu des passages d'oiseaux ou des rencontres de nuages comme j'attendais ici les curieuses cravates de mon avocat et comme, dans un autre monde, je patientais jusqu'au samedi pour étreindre le corps de Marie. Or, à bien réfléchir, je n'étais pas dans un arbre sec. Il y avait plus malheureux que moi. C'était d'ailleurs une idée de maman, et elle le répétait souvent, qu'on finissait par s'habituer à tout.

Du reste, je n'allais pas si loin d'ordinaire. Les premiers mois ont été durs. Mais justement l'effort que j'ai dû faire aidait à les passer. Par exemple, j'étais tourmenté par le désir d'une femme. C'était naturel, j'étais jeune. Je ne pensais jamais à Marie particulièrement. Mais je pensais tellement à une femme, aux femmes, à toutes celles que j'avais connues, à toutes les circonstances où je les avais aimées, que ma cellule s'emplissait de tous les visages et se peuplait de mes désirs. Dans un sens, cela me déséquilibrait. Mais dans un autre, cela tuait le temps. J'avais fini par gagner la sympathie du gardien-chef qui accompagnait à l'heure des repas le garçon de cuisine. C'est lui qui, d'abord, m'a parlé des femmes. Il m'a dit que c'était la première chose dont se plaignaient les autres. Je lui ai dit que j'étais comme eux et que je trouvais ce traitement injuste. « Mais, a-t-il

dit, c'est justement pour ça qu'on vous met en prison.
— Comment, pour ça? — Mais oui, la liberté, c'est ça. On
vous prive de la liberté. » Je n'avais jamais pensé à cela.
Je l'ai approuvé : « C'est vrai, lui ai-je dit, où serait la punition ? — Oui, vous comprenez les choses, vous. Les autres
non. Mais ils finissent par se soulager eux-mêmes. » Le
gardien est parti ensuite.

Il y a eu aussi les cigarettes. Quand je suis entré en
prison, on m'a pris ma ceinture, mes cordons de souliers,
ma cravate et tout ce que je portais dans mes poches, mes
cigarettes en particulier. Une fois en cellule, j'ai demandé
qu'on me les rende. Mais on m'a dit que c'était défendu.
Les premiers jours ont été très durs. C'est peut-être cela
qui m'a le plus abattu. Je suçais des morceaux de bois que
j'arrachais de la planche de mon lit. Je promenais toute la
journée une nausée perpétuelle. Je ne comprenais pas
pourquoi on me privait de cela qui ne faisait de mal à personne. Plus tard, j'ai compris que cela faisait partie aussi
de la punition. Mais à ce moment-là, je m'étais habitué à
ne plus fumer et cette punition n'en était plus une pour moi.

À part ces ennuis, je n'étais pas trop malheureux.
Toute la question, encore une fois, était de tuer le temps.
J'ai fini par ne plus m'ennuyer du tout à partir de l'instant
où j'ai appris à me souvenir. Je me mettais quelquefois à
penser à ma chambre et, en imagination, je partais d'un
coin pour y revenir en dénombrant mentalement tout ce
qui se trouvait sur mon chemin. Au début, c'était vite fait.
Mais chaque fois que je recommençais, c'était un peu plus
long. Car je me souvenais de chaque meuble, et, pour chacun d'entre eux, de chaque objet qui s'y trouvait et, pour
chaque objet, de tous les détails et pour les détails eux-
mêmes, une incrustation, une fêlure ou un bord ébréché,
de leur couleur ou de leur grain. En même temps, j'essayais

de ne pas perdre le fil de mon inventaire, de faire une énumération complète. Si bien qu'au bout de quelques semaines, je pouvais passer des heures, rien qu'à dénombrer ce qui se trouvait dans ma chambre. Ainsi, plus je réfléchissais et plus de choses méconnues et oubliées je sortais de ma mémoire. J'ai compris alors qu'un homme qui n'aurait vécu qu'un seul jour pourrait sans peine vivre cent ans dans une prison. Il aurait assez de souvenirs pour ne pas s'ennuyer. Dans un sens, c'était un avantage.

Il y avait aussi le sommeil. Au début, je dormais mal la nuit et pas du tout le jour. Peu à peu, mes nuits ont été meilleures et j'ai pu dormir aussi le jour. Je peux dire que, dans les derniers mois, je dormais de seize à dix-huit heures par jour. Il me restait alors six heures à tuer avec les repas, les besoins naturels, mes souvenirs et l'histoire du Tchécoslovaque[1].

Entre ma paillasse et la planche du lit, j'avais trouvé, en effet, un vieux morceau de journal presque collé à l'étoffe, jauni et transparent. Il relatait un fait divers dont le début manquait, mais qui avait dû se passer en Tchécoslovaquie. Un homme était parti d'un village tchèque pour faire fortune. Au bout de vingt-cinq ans, riche, il était revenu avec une femme et un enfant. Sa mère tenait un hôtel avec sa sœur dans son village natal. Pour les surprendre, il avait laissé sa femme et son enfant dans un autre établissement, était allé chez sa mère qui ne l'avait pas reconnu quand il était entré. Par plaisanterie, il avait eu l'idée de prendre une chambre. Il avait montré son argent. Dans la nuit, sa mère et sa sœur l'avaient assassiné à coups de marteau pour le voler et avaient jeté son corps

---

1. *Tchécoslovaque*: citoyen de l'ex-Tchécoslovaquie, qui sera scindée, en 1993, pour créer deux nouveaux pays en Europe centrale : la République tchèque et la Slovaquie.

dans la rivière. Le matin, la femme était venue, avait révélé
sans le savoir l'identité du voyageur. La mère s'était pen-
due. La sœur s'était jetée dans un puits. J'ai dû lire cette
histoire des milliers de fois. D'un côté, elle était invrai-
semblable. D'un autre, elle était naturelle. De toute façon,
je trouvais que le voyageur l'avait un peu mérité et qu'il ne
faut jamais jouer.

Ainsi, avec les heures de sommeil, les souvenirs, la
lecture de mon fait divers et l'alternance de la lumière et
de l'ombre, le temps a passé. J'avais bien lu qu'on finissait
par perdre la notion du temps en prison. Mais cela n'avait
pas beaucoup de sens pour moi. Je n'avais pas compris à
quel point les jours pouvaient être à la fois longs et courts.
Longs à vivre sans doute, mais tellement distendus qu'ils
finissaient par déborder les uns sur les autres. Ils y perdaient
leur nom. Les mots hier ou demain étaient les seuls qui
gardaient un sens pour moi.

Lorsqu'un jour, le gardien m'a dit que j'étais là depuis
cinq mois, je l'ai cru, mais je ne l'ai pas compris. Pour moi,
c'était sans cesse le même jour qui déferlait dans ma cellule
et la même tâche que je poursuivais. Ce jour-là, après le
départ du gardien, je me suis regardé dans ma gamelle de
fer. Il m'a semblé que mon image restait sérieuse alors
même que j'essayais de lui sourire. Je l'ai agitée devant moi.
J'ai souri et elle a gardé le même air sévère et triste. Le jour
finissait et c'était l'heure dont je ne veux pas parler, l'heure
sans nom, où les bruits du soir montaient de tous les étages
de la prison dans un cortège de silence. Je me suis approché
de la lucarne et, dans la dernière lumière, j'ai contemplé
une fois de plus mon image. Elle était toujours sérieuse, et
quoi d'étonnant puisque, à ce moment, je l'étais aussi ?
Mais en même temps et pour la première fois depuis des
mois, j'ai entendu distinctement le son de ma voix. Je l'ai

reconnue pour celle qui résonnait déjà depuis de longs jours à mes oreilles et j'ai compris que pendant tout ce temps j'avais parlé seul. Je me suis souvenu alors de ce que disait l'infirmière à l'enterrement de maman. Non, il n'y avait pas d'issue et personne ne peut imaginer ce que sont les soirs dans les prisons.

Je peux dire qu'au fond l'été a très vite remplacé l'été. Je savais qu'avec la montée des premières chaleurs surviendrait quelque chose de nouveau pour moi. Mon affaire était inscrite à la dernière session de la cour d'assises et cette session se terminerait avec le mois de juin. Les débats se sont ouverts avec, au-dehors, tout le plein du soleil. Mon avocat m'avait assuré qu'ils ne dureraient pas plus de deux ou trois jours. « D'ailleurs, avait-il ajouté, la cour sera pressée parce que votre affaire n'est pas la plus importante de la session. Il y a un parricide qui passera tout de suite après. »

À sept heures et demie du matin, on est venu me chercher et la voiture cellulaire[1] m'a conduit au Palais de justice. Les deux gendarmes m'ont fait entrer dans une petite pièce qui sentait l'ombre. Nous avons attendu, assis près d'une porte derrière laquelle on entendait des voix, des appels, des bruits de chaises et tout un remue-ménage qui m'a fait penser à ces fêtes de quartier où, après le concert, on range la salle pour pouvoir danser. Les gendarmes m'ont dit qu'il fallait attendre la cour et l'un d'eux m'a offert une cigarette que j'ai refusée. Il m'a demandé peu après « si j'avais le trac ». J'ai répondu que non. Et même, dans un sens, cela m'intéressait de voir un procès. Je n'en avais jamais eu l'occasion dans ma vie : « Oui, a dit le second gendarme, mais cela finit par fatiguer. »

Après un peu de temps, une petite sonnerie a résonné dans la pièce. Ils m'ont alors ôté les menottes. Ils ont ouvert la porte et m'ont fait entrer dans le box des accusés. La salle était pleine à craquer. Malgré les stores, le soleil s'in-

---

1. *Voiture cellulaire* : véhicule destiné au transport des prisonniers.

filtrait par endroits et l'air était déjà étouffant. On avait laissé les vitres closes. Je me suis assis et les gendarmes m'ont encadré. C'est à ce moment que j'ai aperçu une rangée de visages devant moi. Tous me regardaient : j'ai compris que c'étaient les jurés. Mais je ne peux pas dire ce qui les distinguait les uns des autres. Je n'ai eu qu'une impression : j'étais devant une banquette de tramway et tous ces voyageurs anonymes épiaient le nouvel arrivant pour en apercevoir les ridicules[1]. Je sais bien que c'était une idée niaise puisque ici ce n'était pas le ridicule qu'ils cherchaient, mais le crime. Cependant la différence n'est pas grande et c'est en tout cas l'idée qui m'est venue.

J'étais un peu étourdi aussi par tout ce monde dans cette salle close. J'ai regardé encore le prétoire et je n'ai distingué aucun visage. Je crois bien que d'abord je ne m'étais pas rendu compte que tout ce monde se pressait pour me voir. D'habitude, les gens ne s'occupaient pas de ma personne. Il m'a fallu un effort pour comprendre que j'étais la cause de toute cette agitation. J'ai dit au gendarme : « Que de monde ! » Il m'a répondu que c'était à cause des journaux et il m'a montré un groupe qui se tenait près d'une table sous le banc des jurés. Il m'a dit : « Les voilà. » J'ai demandé : « Qui ? » et il a répété : « Les journaux. » Il connaissait l'un des journalistes qui l'a vu à ce moment et qui s'est dirigé vers nous. C'était un homme déjà âgé, sympathique, avec un visage un peu grimaçant. Il a serré la main du gendarme avec beaucoup de chaleur. J'ai remarqué à ce moment que tout le monde se rencontrait, s'interpellait et conversait, comme dans un club où l'on est heureux de se retrouver entre gens du même monde. Je me suis expliqué aussi la bizarre impression que

---

1. *Ridicules* : défauts ou travers qui rendent ridicule.

j'avais d'être de trop, un peu comme un intrus. Pourtant, le journaliste s'est adressé à moi en souriant. Il m'a dit qu'il espérait que tout irait bien pour moi. Je l'ai remercié et il a ajouté : « Vous savez, nous avons monté un peu votre affaire. L'été, c'est la saison creuse pour les journaux. Et il n'y avait que votre histoire et celle du parricide qui vaillent quelque chose. » Il m'a montré ensuite, dans le groupe qu'il venait de quitter, un petit bonhomme qui ressemblait à une belette engraissée, avec d'énormes lunettes cerclées de noir. Il m'a dit que c'était l'envoyé spécial d'un journal de Paris : « Il n'est pas venu pour vous, d'ailleurs. Mais comme il est chargé de rendre compte du procès du parricide, on lui a demandé de câbler[1] votre affaire en même temps. » Là encore, j'ai failli le remercier. Mais j'ai pensé que ce serait ridicule. Il m'a fait un petit signe cordial de la main et nous a quittés. Nous avons encore attendu quelques minutes.

Mon avocat est arrivé, en robe, entouré de beaucoup d'autres confrères. Il est allé vers les journalistes, a serré des mains. Ils ont plaisanté, ri et avaient l'air tout à fait à leur aise, jusqu'au moment où la sonnerie a retenti dans le prétoire. Tout le monde a regagné sa place. Mon avocat est venu vers moi, m'a serré la main et m'a conseillé de répondre brièvement aux questions qu'on me poserait, de ne pas prendre d'initiatives et de me reposer sur lui pour le reste.

À ma gauche, j'ai entendu le bruit d'une chaise qu'on reculait et j'ai vu un grand homme mince, vêtu de rouge, portant lorgnon, qui s'asseyait en pliant sa robe avec soin. C'était le procureur. Un huissier a annoncé la cour. Au même moment, deux gros ventilateurs ont commencé de vrombir. Trois juges, deux en noir, le troisième en rouge,

---

1. *Câbler* : envoyer un message (dépêche, télégramme, etc.) par câble télégraphique.

sont entrés avec des dossiers et ont marché très vite vers la tribune qui dominait la salle. L'homme en robe rouge[1] s'est assis sur le fauteuil du milieu, a posé sa toque[2] devant lui, essuyé son petit crâne chauve avec un mouchoir et déclaré que l'audience était ouverte.

Les journalistes tenaient déjà leur stylo en main. Ils avaient tous le même air indifférent et un peu narquois. Pourtant, l'un d'entre eux, beaucoup plus jeune, habillé en flanelle grise avec une cravate bleue, avait laissé son stylo devant lui et me regardait. Dans son visage un peu asymétrique, je ne voyais que ses deux yeux, très clairs, qui m'examinaient attentivement, sans rien exprimer qui fût définissable. Et j'ai eu l'impression bizarre d'être regardé par moi-même. C'est peut-être pour cela, et aussi parce que je ne connaissais pas les usages du lieu, que je n'ai pas très bien compris tout ce qui s'est passé ensuite, le tirage au sort des jurés, les questions posées par le président à l'avocat, au procureur et au jury (à chaque fois, toutes les têtes des jurés se retournaient en même temps vers la cour), une lecture rapide de l'acte d'accusation, où je reconnaissais des noms de lieux et de personnes, et de nouvelles questions à mon avocat.

Mais le président a dit qu'il allait faire procéder à l'appel des témoins. L'huissier a lu des noms qui ont attiré mon attention. Du sein de ce public tout à l'heure informe, j'ai vu se lever un à un, pour disparaître ensuite par une porte latérale, le directeur et le concierge de l'asile, le vieux Thomas Pérez, Raymond, Masson, Salamano, Marie. Celle-ci m'a fait un petit signe anxieux. Je m'étonnais encore de ne pas les avoir aperçus plus tôt, lorsque à l'appel

---

1. *L'homme en robe rouge* : le président du tribunal.
2. *Toque* : couvre-chef porté par les juges dans l'exercice de leur fonction.

de son nom, le dernier, Céleste, s'est levé. J'ai reconnu à côté de lui la petite bonne femme du restaurant, avec sa jaquette et son air précis et décidé. Elle me regardait avec intensité. Mais je n'ai pas eu le temps de réfléchir parce que le président a pris la parole. Il a dit que les véritables débats allaient commencer et qu'il croyait inutile de recommander au public d'être calme. Selon lui, il était là pour diriger avec impartialité les débats d'une affaire qu'il voulait considérer avec objectivité. La sentence rendue par le jury serait prise dans un esprit de justice et, dans tous les cas, il ferait évacuer la salle au moindre incident.

La chaleur montait et je voyais dans la salle les assistants[1] s'éventer avec des journaux. Cela faisait un petit bruit continu de papier froissé. Le président a fait un signe et l'huissier a apporte trois éventails de paille tressée que les trois juges ont utilisés immédiatement.

Mon interrogatoire a commencé aussitôt. Le président m'a questionné avec calme et même, m'a-t-il semblé, avec une nuance de cordialité. On m'a encore fait décliner mon identité et malgré mon agacement, j'ai pensé qu'au fond c'était assez naturel, parce qu'il serait trop grave de juger un homme pour un autre. Puis le président a recommencé le récit de ce que j'avais fait, en s'adressant à moi toutes les trois phrases pour me demander : « Est-ce bien cela ? » À chaque fois, j'ai répondu : « Oui, monsieur le Président », selon les instructions de mon avocat. Cela a été long parce que le président apportait beaucoup de minutie dans son récit. Pendant tout ce temps, les journalistes écrivaient. Je sentais les regards du plus jeune d'entre eux et de la petite automate. La banquette de tramway était tout entière tournée vers le président. Celui-ci a toussé, feuilleté son dossier et il s'est tourné vers moi en s'éventant.

---

1. *Assistants* : dans le présent contexte, personnes qui assistent au procès.

Il m'a dit qu'il devait aborder maintenant des questions apparemment étrangères à mon affaire, mais qui peut-être la touchaient de fort près. J'ai compris qu'il allait encore parler de maman et j'ai senti en même temps combien cela m'ennuyait. Il m'a demandé pourquoi j'avais mis maman à l'asile. J'ai répondu que c'était parce que je manquais d'argent pour la faire garder et soigner. Il m'a demandé si cela m'avait coûté personnellement et j'ai répondu que ni maman ni moi n'attendions plus rien l'un de l'autre, ni d'ailleurs de personne, et que nous nous étions habitués tous les deux à nos vies nouvelles. Le président a dit alors qu'il ne voulait pas insister sur ce point et il a demandé au procureur s'il ne voyait pas d'autre question à me poser.

Celui-ci me tournait à demi le dos et, sans me regarder, il a déclaré qu'avec l'autorisation du président, il aimerait savoir si j'étais retourné vers la source tout seul avec l'intention de tuer l'Arabe. « Non », ai-je dit. « Alors, pourquoi était-il armé et pourquoi revenir vers cet endroit précisément ? » J'ai dit que c'était le hasard. Et le procureur a noté avec un accent mauvais : « Ce sera tout pour le moment. » Tout ensuite a été un peu confus, du moins pour moi. Mais après quelques conciliabules, le président a déclaré que l'audience était levée et renvoyée à l'après-midi pour l'audition des témoins.

Je n'ai pas eu le temps de réfléchir. On m'a emmené, fait monter dans la voiture cellulaire et conduit à la prison où j'ai mangé. Au bout de très peu de temps, juste assez pour me rendre compte que j'étais fatigué, on est revenu me chercher ; tout a recommencé et je me suis trouvé dans la même salle, devant les mêmes visages. Seulement là chaleur était beaucoup plus forte et comme par un miracle chacun des jurés, le procureur, mon avocat et quelques journalistes étaient munis aussi d'éventails de paille. Le jeune journaliste et la petite femme étaient toujours là. Mais ils ne s'éventaient pas et me regardaient encore sans rien dire.

J'ai essuyé la sueur qui couvrait mon visage et je n'ai repris un peu conscience, du lieu et de moi-même que lorsque j'ai entendu appeler le directeur de l'asile. On lui a demandé si maman se plaignait de moi et il a dit que oui mais que c'était un peu la manie de ses pensionnaires de se plaindre de leurs proches. Le président lui a fait préciser si elle me reprochait de l'avoir mise à l'asile et le directeur a dit encore oui. Mais cette fois, il n'a rien ajouté. À une autre question, il a répondu qu'il avait été surpris de mon calme le jour de l'enterrement. On lui a demandé ce qu'il entendait par calme. Le directeur a regardé alors le bout de ses souliers et il a dit que je n'avais pas voulu voir maman, je n'avais pas pleuré une seule fois et j'étais parti aussitôt après l'enterrement sans me recueillir sur sa tombe. Une chose encore l'avait surpris : un employé des pompes funèbres lui avait dit que je ne savais pas l'âge de maman. Il y a eu un moment de silence et le président lui a demandé si c'était bien de moi qu'il avait parlé. Comme le directeur ne comprenait pas la question, il lui a dit : « C'est la loi. » Puis le président a demandé à l'avocat général s'il n'avait pas de question à poser au témoin et le procureur s'est écrié : « Oh ! non, cela suffit », avec un tel éclat et un tel regard triomphant dans ma direction que, pour la première fois depuis bien des années, j'ai eu une envie stupide de pleurer parce que j'ai senti combien j'étais détesté par tous ces gens-là.

Après avoir demandé au jury et à mon avocat s'ils avaient des questions à poser, le président a entendu le concierge. Pour lui comme pour tous les autres, le même cérémonial s'est répété. En arrivant, le concierge m'a regardé et il a détourné les yeux. Il a répondu aux questions qu'on lui posait. Il a dit que je n'avais pas voulu voir maman, que j'avais fumé, que j'avais dormi et que j'avais pris du café au lait. J'ai senti alors quelque chose qui soulevait toute la salle et, pour la première fois, j'ai compris que j'étais coupable. On a fait répéter au concierge l'histoire du café au lait et celle de la cigarette. L'avocat général m'a regardé avec une lueur ironique dans les yeux. À ce moment, mon avocat a demandé au concierge s'il n'avait pas fumé avec moi. Mais le procureur s'est élevé avec violence contre cette question : « Quel est le criminel ici et quelles sont ces méthodes qui consistent à salir les témoins de l'accusation pour minimiser des témoignages qui n'en demeurent pas moins écrasants ! » Malgré tout, le président a demandé au concierge de répondre à la question. Le vieux a dit d'un air embarrassé : « Je sais bien que j'ai eu tort. Mais je n'ai pas osé refuser la cigarette que Monsieur m'a offerte. » En dernier lieu, on m'a demandé si je n'avais rien à ajouter. « Rien, ai-je répondu, seulement que le témoin a raison. Il est vrai que je lui ai offert une cigarette. » Le concierge m'a regardé alors avec un peu d'étonnement et une sorte de gratitude. Il a hésité, puis il a dit que c'était lui qui m'avait offert le café au lait. Mon avocat a triomphé bruyamment et a déclaré que les jurés apprécieraient. Mais le procureur a tonné au-dessus de nos têtes et il a dit : « Oui, MM. les jurés apprécieront. Et ils concluront qu'un étranger pouvait proposer du café, mais qu'un fils devait le refuser devant le corps de celle qui lui avait donné le jour. » Le concierge a regagné son banc.

Quand est venu le tour de Thomas Pérez, un huissier a dû le soutenir jusqu'à la barre. Pérez a dit qu'il avait surtout connu ma mère et qu'il ne m'avait vu qu'une fois, le jour de l'enterrement. On lui a demandé ce que j'avais fait

ce jour-là et il a répondu : « Vous comprenez, moi-même
j'avais trop de peine. Alors, je n'ai rien vu. C'était la peine
qui m'empêchait de voir. Parce que c'était pour moi une
très grosse peine. Et même, je me suis évanoui. Alors, je
n'ai pas pu voir Monsieur. » L'avocat général lui a demandé
si, du moins, il m'avait vu pleurer. Pérez a répondu que
non. Le procureur a dit alors à son tour : « MM. les jurés
apprécieront. » Mais mon avocat s'est fâché. Il a demandé
à Pérez, sur un ton qui m'a semblé exagéré, « s'il avait vu
que je ne pleurais pas ». Pérez a dit : « Non. » Le public a ri.
Et mon avocat, en retroussant une de ses manches, a dit
d'un ton péremptoire : « Voilà l'image de ce procès. Tout
est vrai et rien n'est vrai ! » Le procureur avait le visage
ferme et piquait un crayon dans les titres de ses dossiers.

Après cinq minutes de suspension pendant lesquelles
mon avocat m'a dit que tout allait pour le mieux, on a
entendu Céleste qui était cité par la défense. La défense,
c'était moi. Céleste jetait de temps en temps des regards
de mon côté et roulait un panama[1] entre ses mains. Il portait le costume neuf qu'il mettait pour venir avec moi,
certains dimanches, aux courses de chevaux. Mais je crois
qu'il n'avait pas pu mettre son col parce qu'il portait seulement un bouton de cuivre pour tenir sa chemise fermée.
On lui a demandé si j'étais son client et il a dit : « Oui, mais
c'était aussi un ami » ; ce qu'il pensait de moi et il a répondu
que j'étais un homme ; ce qu'il entendait par là et il a
déclaré que tout le monde savait ce que cela voulait dire ;
s'il avait remarqué que j'étais renfermé et il a reconnu
seulement que je ne parlais pas pour ne rien dire. L'avocat
général lui a demandé si je payais régulièrement ma pen-
sion. Céleste a ri et il a déclaré : « C'étaient des détails entre

---

1. *Panama* : type de chapeau.

nous. » On lui a demandé encore ce qu'il pensait de mon crime. Il a mis alors ses mains sur la barre et l'on voyait qu'il avait préparé quelque chose. Il a dit : « Pour moi, c'est un malheur. Un malheur, tout le monde sait ce que c'est. Ça vous laisse sans défense. Eh bien ! pour moi c'est un malheur. » Il allait continuer, mais le président lui a dit que c'était bien et qu'on le remerciait. Alors Céleste est resté un peu interdit. Mais il a déclaré qu'il voulait encore parler. On lui a demandé d'être bref. Il a encore répété que c'était un malheur. Et le président lui a dit : « Oui, c'est entendu. Mais nous sommes là pour juger les malheurs de ce genre. Nous vous remercions. » Comme s'il était arrivé au bout de sa science et de sa bonne volonté, Céleste s'est alors retourné vers moi. Il m'a semblé que ses yeux brillaient et que ses lèvres tremblaient. Il avait l'air de me demander ce qu'il pouvait encore faire. Moi, je n'ai rien dit, je n'ai fait aucun geste, mais c'est la première fois de ma vie que j'ai eu envie d'embrasser un homme. Le président lui a encore enjoint de quitter la barre. Céleste est allé s'asseoir dans le prétoire. Pendant tout le reste de l'audience, il est resté là, un peu penché en avant, les coudes sur les genoux, le panama entre les mains, à écouter tout ce qui se disait. Marie est entrée. Elle avait mis un chapeau et elle était encore belle. Mais je l'aimais mieux avec ses cheveux libres. De l'endroit où j'étais, je devinais le poids léger de ses seins et je reconnaissais sa lèvre inférieure toujours un peu gon-flée. Elle semblait très nerveuse. Tout de suite, on lui a demandé depuis quand elle me connaissait. Elle a indiqué l'époque où elle travaillait chez nous. Le président a voulu savoir quels étaient ses rapports avec moi. Elle a dit qu'elle était mon amie. À une autre question, elle a répondu qu'il était vrai qu'elle devait m'épouser. Le procureur qui feuilletait un dossier lui a demandé brusquement de quand datait notre liaison. Elle a indiqué la date. Le procureur a remarqué d'un air indifférent qu'il lui semblait que c'était le lendemain de la mort de maman. Puis il a dit avec quelque ironie qu'il ne voudrait pas insister sur une situation délicate, qu'il comprenait bien les scrupules de Marie, mais (et ici son accent s'est fait plus dur) que son devoir lui commandait de s'élever au-dessus des convenances. Il a donc demandé à Marie de résumer cette journée où je l'avais connue. Marie ne voulait pas parler, mais devant l'insistance du procureur, elle a dit notre bain, notre sortie au cinéma et notre rentrée chez moi. L'avocat général a dit qu'à la suite des déclarations de Marie à l'instruction, il avait consulté les programmes de cette date. Il a ajouté que Marie elle-même dirait quel film on passait alors. D'une voix presque blanche, en effet, elle a indiqué que c'était un film de Fernandel. Le silence était complet dans la salle quand elle a eu fini. Le procureur s'est alors levé, très grave et d'une voix que j'ai trouvée vraiment émue, le doigt tendu vers moi, il a articulé lentement : « Messieurs les jurés, le lendemain de la mort de sa mère, cet homme prenait des bains, commençait une liaison irrégulière, et allait rire devant un film comique. Je n'ai rien de plus à vous dire. » Il s'est assis, toujours dans le silence. Mais, tout d'un coup, Marie a éclaté en sanglots, a dit que ce n'était pas cela, qu'il y avait autre chose, qu'on la forçait à dire le contraire de ce qu'elle pensait, qu'elle me connaissait bien et que je n'avais rien fait de mal. Mais l'huissier, sur un signe du président, l'a emmenée et l'audience s'est poursuivie.

C'est à peine si, ensuite, on a écouté Masson qui a déclaré que j'étais un honnête homme « et qu'il dirait plus, j'étais un brave homme ». C'est à peine encore si on a écouté Salamano quand il a rappelé que j'avais été bon pour son chien et quand il a répondu à une question sur ma mère et sur moi en disant que je n'avais plus rien à dire à maman et que je l'avais mise pour cette raison à l'asile. « Il faut comprendre, disait Salamano, il faut comprendre. » Mais personne ne paraissait comprendre. On l'a emmené.

Puis est venu le tour de Raymond, qui était le dernier témoin. Raymond m'a fait un petit signe et a dit tout de suite que j'étais innocent. Mais le président a déclaré qu'on ne lui demandait pas des appréciations, mais des faits. Il l'a invité à attendre des questions pour répondre. On lui a fait préciser ses relations avec la victime. Raymond en a profité pour dire que c'était lui que cette dernière haïssait depuis qu'il avait giflé sa sœur. Le président lui a demandé cependant si la victime n'avait pas de raison de me haïr. Raymond a dit que ma présence à la plage était le résultat d'un hasard. Le procureur lui a demandé alors comment il se faisait que la lettre qui était à l'origine du drame avait été écrite par moi. Raymond a répondu que c'était un hasard. Le procureur a rétorqué que le hasard avait déjà beaucoup de méfaits sur la conscience dans cette histoire. Il a voulu savoir si c'était par hasard que je n'étais pas intervenu quand Raymond avait giflé sa maîtresse, par hasard que j'avais servi de témoin au commissariat, par hasard encore que mes déclarations lors de ce témoignage s'étaient révélées de pure complaisance. Pour finir, il a demandé à Raymond quels étaient ses moyens d'existence, et comme ce dernier répondait : « Magasinier », l'avocat général a déclaré aux jurés que de notoriété générale le témoin exerçait le métier de souteneur. J'étais son complice et son ami. Il s'agissait d'un drame crapuleux de la plus basse espèce, aggravé du fait qu'on avait affaire à un monstre moral. Raymond a voulu se défendre et mon avocat a protesté, mais on leur a dit qu'il fallait laisser terminer le procureur. Celui-ci a dit : « J'ai peu de chose à ajouter. Était-il votre ami ? » a-t-il demandé à Raymond.

« Oui, a dit celui-ci, c'était mon copain. » L'avocat général m'a posé alors la même question et j'ai regardé Raymond qui n'a pas détourné les yeux. J'ai répondu : « Oui. » Le procureur s'est alors retourné vers le jury et a déclaré : « Le même homme qui au lendemain de la mort de sa mère se livrait à la débauche la plus honteuse a tué pour des raisons futiles et pour liquider une affaire de mœurs inqualifiable. »

Il s'est assis alors. Mais mon avocat, à bout de patience, s'est écrié en levant les bras, de sorte que ses manches en retombant ont découvert les plis d'une chemise amidon-née : « Enfin, est-il accusé d'avoir enterré sa mère ou d'avoir tué un homme ? » Le public a ri. Mais le procureur s'est redressé encore, s'est drapé dans sa robe et a déclaré qu'il fallait avoir l'ingénuité de l'honorable défenseur pour ne pas sentir qu'il y avait entre ces deux ordres de faits une relation profonde, pathétique, essentielle. « Oui, s'est-il écrié avec force, j'accuse cet homme d'avoir enterré une mère avec un cœur de criminel. » Cette déclaration a paru faire un effet considérable sur le public. Mon avocat a haussé les épaules et essuyé la sueur qui couvrait son front. Mais lui-même paraissait ébranlé et j'ai compris que les choses n'allaient pas bien pour moi.

L'audience a été levée. En sortant du palais de justice pour monter dans la voiture, j'ai reconnu un court instant l'odeur et la couleur du soir d'été. Dans l'obscurité de ma prison roulante, j'ai retrouvé un à un, comme du fond de ma fatigue, tous les bruits familiers d'une ville que j'aimais et d'une certaine heure où il m'arrivait de me sentir content. Le cri des vendeurs de journaux dans l'air déjà détendu, les derniers oiseaux dans le square[1], l'appel des

---

1. *Square* : jardin de petite dimension – généralement entouré d'une grille – au milieu d'une place publique.

marchands de sandwiches, la plainte des tramways dans les hauts tournants de la ville et cette rumeur du ciel avant que la nuit bascule sur le port, tout cela recomposait pour moi un itinéraire d'aveugle, que je connaissais bien avant d'entrer en prison. Oui, c'était l'heure où, il y avait bien longtemps, je me sentais content. Ce qui m'attendait alors, c'était toujours un sommeil léger et sans rêves. Et pourtant quelque chose était changé puisque, avec l'attente du lendemain, c'est ma cellule que j'ai retrouvée. Comme si les chemins familiers tracés dans les ciels d'été pouvaient mener aussi bien aux prisons qu'aux sommeils innocents.

IV

Même sur un banc d'accusé, il est toujours intéressant d'entendre parler de soi. Pendant les plaidoiries du procureur et de mon avocat, je peux dire qu'on a beaucoup parlé de moi et peut-être plus de moi que de mon crime. Étaient-elles si différentes, d'ailleurs, ces plaidoiries ? L'avocat levait les bras et plaidait coupable, mais avec excuses. Le procureur tendait ses mains et dénonçait la culpabilité, mais sans excuses. Une chose pourtant me gênait vaguement. Malgré mes préoccupations, j'étais parfois tenté d'intervenir et mon avocat me disait alors : « Taisez-vous, cela vaut mieux pour votre affaire. » En quelque sorte, on avait l'air de traiter cette affaire en dehors de moi. Tout se déroulait sans mon intervention. Mon sort se réglait sans qu'on prenne mon avis. De temps en temps, j'avais envie d'interrompre tout le monde et de dire : « Mais tout de même, qui est l'accusé ? C'est important d'être l'accusé. Et j'ai quelque chose à dire ! » Mais réflexion faite, je n'avais rien à dire. D'ailleurs, je dois reconnaître que l'intérêt qu'on trouve à occuper les gens ne dure pas longtemps. Par exemple, la plaidoirie du procureur m'a très vite lassé. Ce sont seulement des fragments, des gestes ou des tirades entières, mais détachées de l'ensemble, qui m'ont frappé ou ont éveillé mon intérêt.

Le fond de sa pensée, si j'ai bien compris, c'est que j'avais prémédité mon crime. Du moins, il a essayé de le démontrer. Comme il le disait lui-même : « J'en ferai la preuve, Messieurs, et je la ferai doublement. Sous l'aveuglante clarté des faits d'abord et ensuite dans l'éclairage sombre que me fournira la psychologie de cette âme criminelle. » Il a résumé les faits à partir de la mort de maman.

Il a rappelé mon insensibilité, l'ignorance où j'étais de l'âge de maman, mon bain du lendemain, avec une femme, le cinéma, Fernandel et enfin la rentrée avec Marie. J'ai mis du temps à le comprendre, à ce moment, parce qu'il disait « sa maîtresse » et pour moi, elle était Marie. Ensuite, il en est venu à l'histoire de Raymond. J'ai trouvé que sa façon de voir les événements ne manquait pas de clarté. Ce qu'il disait était plausible. J'avais écrit la lettre d'accord avec Raymond pour attirer sa maîtresse et la livrer aux mauvais traitements d'un homme « de moralité douteuse ». J'avais provoqué sur la plage les adversaires de Raymond. Celui-ci avait été blessé. Je lui avais demandé son revolver. J'étais revenu seul pour m'en servir. J'avais abattu l'Arabe comme je le projetais. J'avais attendu. Et « pour être sûr que la besogne était bien faite », j'avais tiré encore quatre balles, posément, à coup sûr, d'une façon réfléchie en quelque sorte.

« Et voilà, Messieurs, a dit l'avocat général. J'ai retracé devant vous le fil d'événements qui a conduit cet homme à tuer en pleine connaissance de cause. J'insiste là-dessus, a-t-il dit. Car il ne s'agit pas d'un assassinat ordinaire, d'un acte irréfléchi que vous pourriez estimer atténué par les circonstances. Cet homme, Messieurs, cet homme est intelligent. Vous l'avez entendu, n'est-ce pas ? Il sait répondre. Il connaît la valeur des mots. Et l'on ne peut pas dire qu'il a agi sans se rendre compte de ce qu'il faisait. »

Moi j'écoutais et j'entendais qu'on me jugeait intelligent. Mais je ne comprenais pas bien comment les qualités d'un homme ordinaire pouvaient devenir des charges écrasantes contre un coupable. Du moins, c'était cela qui me frappait et je n'ai plus écouté le procureur jusqu'au moment ou je l'ai entendu dire : « A-t-il seulement exprimé des regrets ? Jamais, Messieurs. Pas une seule fois au cours de l'instruction cet homme n'a paru ému de son abominable

forfait. » À ce moment, il s'est tourné vers moi et m'a désigné du doigt en continuant à m'accabler sans qu'en réalité
je comprenne bien pourquoi. Sans doute, je ne pouvais pas
m'empêcher de reconnaître qu'il avait raison. Je ne regrettais pas beaucoup mon acte. Mais tant d'acharnement
m'étonnait. J'aurais voulu essayer de lui expliquer cordia-
lement, presque avec affection, que je n'avais jamais pu
regretter vraiment quelque chose. J'étais toujours pris par
ce qui allait arriver, par aujourd'hui ou par demain. Mais
naturellement, dans l'état où l'on m'avait mis, je ne pouvais
parler à personne sur ce ton. Je n'avais pas le droit de me
montrer affectueux, d'avoir de la bonne volonté. Et j'ai
essayé d'écouter encore parce que le procureur s'est mis à
parler de mon âme.

Il disait qu'il s'était penché sur elle et qu'il n'avait rien
trouvé, Messieurs les jurés. Il disait qu'à la vérité, je n'en
avais point, d'âme, et que rien d'humain, et pas un des
principes moraux qui gardent le cœur des hommes ne
m'était accessible. « Sans doute, ajoutait-il, nous ne sau-
rions le lui reprocher. Ce qu'il ne saurait acquérir, nous ne
pouvons nous plaindre qu'il en manque. Mais quand il s'agit
de cette cour, la vertu toute négative de la tolérance doit
se muer en celle, moins facile, mais plus élevée, de la justice. Surtout lorsque le vide du cœur tel qu'on le découvre
chez cet homme devient un gouffre où la société peut suc-
comber. » C'est alors qu'il a parlé de mon attitude envers
maman. Il a répété ce qu'il avait dit pendant les débats.
Mais il a été beaucoup plus long que lorsqu'il parlait de
mon crime, si long même que, finalement, je n'ai plus senti
que la chaleur de cette matinée. Jusqu'au moment, du
moins, où l'avocat général s'est arrêté et après un moment
de silence, a repris d'une voix très basse et très pénétrée :
« Cette même cour, Messieurs, va juger demain le plus

abominable des forfaits : le meurtre d'un père. » Selon lui,
l'imagination reculait devant cet atroce attentat. Il osait
espérer que la justice des hommes punirait sans faiblesse.
Mais, il ne craignait pas de le dire, l'horreur que lui ins-
pirait ce crime le cédait presque à celle qu'il ressentait
devant mon insensibilité. Toujours selon lui, un homme
qui tuait moralement sa mère se retranchait de la société
des hommes au même titre que celui qui portait une main
meurtrière sur l'auteur de ses jours. Dans tous les cas, le
premier préparait les actes du second, il les annonçait en
quelque sorte et il les légitimait. « J'en suis persuadé,
Messieurs, a-t-il ajouté en élevant la voix, vous ne trouverez
pas ma pensée trop audacieuse, si je dis que l'homme qui
est assis sur ce banc est coupable aussi du meurtre que
cette cour devra juger demain. Il doit être puni en consé-
quence. » Ici, le procureur a essuyé son visage brillant de
sueur. Il a dit enfin que son devoir était douloureux, mais
qu'il l'accomplirait fermement. Il a déclaré que je n'avais
rien à faire avec une société dont je méconnaissais les règles
les plus essentielles et que je ne pouvais pas en appeler à
ce cœur humain dont j'ignorais les réactions élémentaires.
« Je vous demande la tête de cet homme, a-t-il dit, et c'est
le cœur léger que je vous la demande. Car s'il m'est arrivé
au cours de ma déjà longue carrière de réclamer des peines
capitales, jamais autant qu'aujourd'hui, je n'ai senti ce
pénible devoir compensé, balancé, éclairé par la conscience
d'un commandement impérieux et sacré et par l'horreur
que je ressens devant un visage d'homme où je ne lis rien
que de monstrueux. »

Quand le procureur s'est rassis, il y a eu un moment
de silence assez long. Moi, j'étais étourdi de chaleur et
d'étonnement. Le président a toussé un peu et sur un ton
très bas, il m'a demandé si je n'avais rien à ajouter. Je me

suis levé et comme j'avais envie de parler, j'ai dit, un peu
au hasard d'ailleurs, que je n'avais pas eu l'intention de
tuer l'Arabe. Le président a répondu que c'était une affirmation, que jusqu'ici il saisissait mal mon système de
défense et qu'il serait heureux, avant d'entendre mon avocat, de me faire préciser les motifs qui avaient inspiré mon
acte. J'ai dit rapidement, en mêlant un peu les mots et en
me rendant compte de mon ridicule, que c'était à cause du
soleil. Il y a eu des rires dans la salle. Mon avocat a haussé
les épaules et tout de suite après, on lui a donné la parole.
Mais il a déclaré qu'il était tard, qu'il en avait pour plusieurs heures et qu'il demandait le renvoi à l'après-midi.
La cour y a consenti.

L'après-midi, les grands ventilateurs brassaient toujours l'air épais de la salle et les petits éventails multico-
lores des jurés s'agitaient tous dans le même sens. La plaidoirie de mon avocat me semblait ne devoir jamais finir.
À un moment donné, cependant, je l'ai écouté parce qu'il
disait : « Il est vrai que j'ai tué. » Puis il a continué sur ce
ton, disant « je » chaque fois qu'il parlait de moi. J'étais très
étonné. Je me suis penché vers un gendarme et je lui ai
demandé pourquoi. Il m'a dit de me taire et, après un
moment, il a ajouté : « Tous les avocats font ça. » Moi, j'ai
pensé que c'était m'écarter encore de l'affaire, me réduire
à zéro et, en un certain sens, se substituer à moi. Mais je
crois que j'étais déjà très loin de cette salle d'audience.
D'ailleurs, mon avocat m'a semblé ridicule. Il a plaidé la
provocation très rapidement et puis lui aussi a parlé de
mon âme. Mais il m'a paru qu'il avait beaucoup moins de
talent que le procureur. « Moi aussi, a-t-il dit, je me suis
penché sur cette âme, mais, contrairement à l'éminent
représentant du ministère public, j'ai trouvé quelque chose
et je puis dire que j'y ai lu à livre ouvert. » Il y avait lu que

j'étais un honnête homme, un travailleur régulier, infatigable, fidèle à la maison qui l'employait, aimé de tous et compatissant aux misères d'autrui. Pour lui, j'étais un fils modèle qui avait soutenu sa mère aussi longtemps qu'il l'avait pu. Finalement j'avais espéré qu'une maison de retraite donnerait à la vieille femme le confort que mes moyens ne me permettaient pas de lui procurer. « Je m'étonne, Messieurs, a-t-il ajouté, qu'on ait mené si grand bruit autour de cet asile. Car enfin, s'il fallait donner une preuve de l'utilité et de la grandeur de ces institutions, il faudrait bien dire que c'est l'État lui-même qui les subventionne. » Seulement, il n'a pas parlé de l'enterrement et j'ai senti que cela manquait dans sa plaidoirie. Mais à cause de toutes ces longues phrases, de toutes ces journées et ces heures interminables pendant lesquelles on avait parlé de mon âme, j'ai eu l'impression que tout devenait comme une eau incolore où je trouvais le vertige.

À la fin, je me souviens seulement que, de la rue et à travers tout l'espace des salles et des prétoires, pendant que mon avocat continuait à parler, la trompette d'un marchand de glace a résonné jusqu'à moi. J'ai été assailli des souvenirs d'une vie qui ne m'appartenait plus, mais où j'avais trouvé les plus pauvres et les plus tenaces de mes joies : des odeurs d'été, le quartier que j'aimais, un certain ciel du soir, le rire et les robes de Marie. Tout ce que je faisais d'inutile en ce lieu m'est alors remonté à la gorge et je n'ai eu qu'une hâte, c'est qu'on en finisse et que je retrouve ma cellule avec le sommeil. C'est à peine si j'ai entendu mon avocat s'écrier, pour finir, que les jurés ne voudraient pas envoyer à la mort un travailleur honnête perdu par une minute d'égarement et demander les circonstances atténuantes pour un crime dont je traînais déjà, comme le plus sûr de mes châtiments, le remords éternel. La cour a suspendu l'audience et l'avocat s'est assis d'un air épuisé. Mais ses collègues sont venus vers lui pour lui serrer la main. J'ai entendu : « Magnifique, mon cher. » L'un d'eux m'a même pris à témoin : « Hein ? » m'a-t-il dit. J'ai acquiescé, mais mon compliment n'était pas sincère, parce que j'étais trop fatigué.

Pourtant, l'heure déclinait au-dehors et la chaleur était moins forte. Aux quelques bruits de rue que j'entendais, je devinais la douceur du soir. Nous étions là, tous, à attendre. Et ce qu'ensemble nous attendions ne concernait que moi. J'ai encore regardé la salle. Tout était dans le même état que le premier jour. J'ai rencontré le regard du journaliste à la veste grise et de la femme automate. Cela m'a donné à penser que je n'avais pas cherché Marie du regard pendant tout le procès. Je ne l'avais pas oubliée, mais j'avais trop à faire. Je l'ai vue entre Céleste et Raymond. Elle m'a fait un petit signe comme si elle disait : « Enfin », et j'ai vu son visage un peu anxieux qui souriait. Mais je sentais mon cœur fermé et je n'ai même pas pu répondre à son sourire.

La cour est revenue. Très vite, on a lu aux jurés une série de questions. J'ai entendu « coupable de meurtre »... « préméditation »... « circonstances atténuantes ». Les jurés sont sortis et l'on m'a emmené dans la petite pièce où j'avais déjà attendu. Mon avocat est venu me rejoindre : il était très volubile et m'a parlé avec plus de confiance et de cordialité qu'il ne l'avait jamais fait. Il pensait que tout irait bien et que je m'en tirerais avec quelques années de prison ou de bagne. Je lui ai demandé s'il y avait des chances de cassation en cas de jugement défavorable. Il m'a dit que non. Sa tactique avait été de ne pas déposer de conclusions pour ne pas indisposer le jury. Il m'a expliqué qu'on ne cassait pas un jugement, comme cela, pour rien. Cela m'a paru évident et je me suis rendu à ses raisons. À considérer froidement la chose, c'était tout à fait naturel. Dans le cas contraire, il y aurait trop de paperasses inutiles. « De toute façon, m'a dit mon avocat, il y a le pourvoi. Mais je suis persuadé que l'issue sera favorable. »

Nous avons attendu très longtemps, près de trois quarts d'heure, je crois. Au bout de ce temps, une sonnerie a retenti. Mon avocat m'a quitté en disant : « Le président du jury va lire les réponses. On ne vous fera entrer que pour l'énoncé du jugement. » Des portes ont claqué. Des gens couraient dans des escaliers dont je ne savais pas s'ils étaient proches ou éloignés. Puis j'ai entendu une voix sourde lire quelque chose dans la salle. Quand la sonnerie a encore retenti, que la porte du box s'est ouverte, c'est le silence de la salle qui est monté vers moi, le silence, et cette singulière sensation que j'ai eue lorsque j'ai constaté que le jeune journaliste avait détourné ses yeux. Je n'ai pas regardé du côté de Marie. Je n'en ai pas eu le temps parce que le président m'a dit dans une forme bizarre que j'aurais la tête tranchée sur une place publique au nom du peuple français. Il m'a semblé alors reconnaître le sentiment que je lisais sur tous les visages. Je crois bien que c'était de la considération. Les gendarmes étaient très doux avec moi. L'avocat a posé sa main sur mon poignet. Je ne pensais plus à rien. Mais le président m'a demandé si je n'avais rien à ajouter. J'ai réfléchi. J'ai dit : « Non. » C'est alors qu'on m'a emmené.

V

Pour la troisième fois, j'ai refusé de recevoir l'aumônier. Je n'ai rien à lui dire, je n'ai pas envie de parler, je le verrai bien assez tôt. Ce qui m'intéresse en ce moment, c'est d'échapper à la mécanique, de savoir si l'inévitable peut avoir une issue. On m'a changé de cellule. De celle-ci, lorsque je suis allongé, je vois le ciel et je ne vois que lui. Toutes mes journées se passent à regarder sur son visage le déclin des couleurs qui conduit le jour à la nuit. Couché, je passe les mains sous ma tête et j'attends. Je ne sais combien de fois je me suis demandé s'il y avait des exemples de condamnés à mort qui eussent échappé au mécanisme implacable, disparu avant l'exécution, rompu les cordons d'agents. Je me reprochais alors de n'avoir pas prêté assez d'attention aux récits d'exécution. On devrait toujours s'intéresser à ces questions. On ne sait jamais ce qui peut arriver. Comme tout le monde, j'avais lu des comptes rendus dans les journaux. Mais il y avait certainement des ouvrages spéciaux que le n'avais jamais eu la curiosité de consulter. Là, peut-être, j'aurais trouvé des récits d'évasion. J'aurais appris que dans un cas au moins la roue s'était arrêtée, que dans cette préméditation irrésistible, le hasard et la chance, une fois seulement, avaient changé quelque chose. Une fois ! Dans un sens, je crois que cela m'aurait suffi. Mon cœur aurait fait le reste. Les journaux parlaient souvent d'une dette qui était due à la société. Il fallait, selon eux, la payer. Mais cela ne parle pas à l'imagination. Ce qui comptait, c'était une possibilité d'évasion, un saut hors du rite implacable, une course à la folie qui offrît toutes les chances de l'espoir. Naturellement, l'espoir, c'était d'être abattu au coin d'une rue, en pleine course, et d'une balle à la volée. Mais, tout bien considéré, rien ne me permettait ce luxe, tout me l'interdisait, la mécanique me reprenait.

Malgré ma bonne volonté, je ne pouvais pas accepter cette certitude insolente. Car enfin, il y avait une dispro-portion ridicule entre le jugement qui l'avait fondée et son déroulement imperturbable à partir du moment où ce jugement avait été prononcé. Le fait que la sentence avait été lue à vingt heures plutôt qu'à dix-sept, le fait qu'elle aurait pu être tout autre, qu'elle avait été prise par des hommes qui changent de linge, qu'elle avait été portée au crédit d'une notion aussi imprécise que le peuple français (ou allemand, ou chinois), il me semblait bien que tout cela enlevait beaucoup de sérieux à une telle décision. Pourtant, j'étais obligé de reconnaître que dès la seconde où elle avait été prise, ses effets devenaient aussi certains, aussi sérieux, que la présence de ce mur tout le long duquel j'écrasais mon corps.

Je me suis souvenu dans ces moments d'une histoire que maman me racontait à propos de mon père. Je ne l'avais pas connu. Tout ce que je connaissais de précis sur cet homme, c'était peut-être ce que m'en disait alors maman : il était allé voir exécuter un assassin. Il était malade à l'idée d'y aller. Il l'avait fait cependant et au retour il avait vomi une partie de la matinée. Mon père me dégoûtait un peu alors. Maintenant, je comprenais, c'était si naturel. Comment n'avais-je pas vu que rien n'était plus important qu'une exécution capitale et que, en somme, c'était la seule chose vraiment intéressante pour un homme ! Si jamais je sortais de cette prison, j'irais voir toutes les exécutions capitales. J'avais tort, je crois, de pen-ser à cette possibilité. Car à l'idée de me voir libre par un petit matin derrière un cordon d'agents, de l'autre côté en quelque sorte, à l'idée d'être le spectateur qui vient voir et qui pourra vomir après, un flot de joie empoisonnée me montait au cœur. Mais ce n'était pas raisonnable. J'avais tort de me laisser aller à ces suppositions parce que, l'instant d'après, j'avais si affreusement froid que je me recroquevillais sous ma couverture. Je claquais des dents sans pouvoir me retenir.

Mais, naturellement, on ne peut pas être toujours raisonnable. D'autres fois, par exemple, je faisais des projets de loi. Je réformais les pénalités. J'avais remarqué que l'essentiel était de donner une chance au condamné. Une seule sur mille, cela suffisait pour arranger bien des choses. Ainsi, il me semblait qu'on pouvait trouver une combinaison chimique dont l'absorption tuerait le patient (je pensais : le patient) neuf fois sur dix. Lui le saurait, c'était la condition. Car en réfléchissant bien, en considérant les choses avec calme, je constatais que ce qui était défectueux avec le couperet, c'est qu'il n'y avait aucune chance, absolument aucune. Une fois pour toutes, en somme, la mort du patient avait été décidée. C'était une affaire classée, une combinaison bien arrêtée, un accord entendu et sur lequel il n'était pas question de revenir. Si le coup ratait, par extraordinaire, on recommençait. Par suite, ce qu'il y avait d'ennuyeux, c'est qu'il fallait que le condamné souhaitât le bon fonctionnement de la machine. Je dis que c'est le côté défectueux. Cela est vrai, dans un sens. Mais, dans un autre sens, j'étais obligé de reconnaître que tout le secret d'une bonne organisation était là. En somme, le condamné était obligé de collaborer moralement. C'était son intérêt que tout marchât sans accroc.

J'étais obligé de constater aussi que jusqu'ici j'avais eu sur ces questions des idées qui n'étaient pas justes. J'ai cru longtemps – et je ne sais pas pourquoi – que pour aller à la guillotine, il fallait monter sur un échafaud, gravir des marches. Je crois que c'était à cause de la Révolution de 1789[1], je veux dire à cause de tout ce qu'on m'avait appris ou fait voir sur ces questions. Mais un matin, je me suis souvenu d'une photographie publiée par les journaux à l'occasion d'une exécution retentissante[2]. En réalité, la machine était posée à même le sol, le plus simplement du monde. Elle était beaucoup plus étroite que je ne le pensais. C'était assez drôle que je ne m'en fusse pas avisé plus tôt. Cette machine sur le cliché m'avait frappé par son aspect d'ouvrage de précision, fini et étincelant. On se fait toujours des idées exagérées de ce qu'on ne connaît pas. Je devais constater au contraire que tout était simple : la machine est au même niveau que l'homme qui marche vers elle. Il la rejoint comme on marche à la rencontre d'une personne. Cela aussi était ennuyeux. La montée vers l'échafaud, l'ascension en plein ciel, l'imagination pouvait s'y raccrocher. Tandis que, là encore, la mécanique écrasait tout : on était tué discrètement, avec un peu de honte et beaucoup de précision.

Il y avait aussi deux choses à quoi je réfléchissais tout le temps : l'aube et mon pourvoi. Je me raisonnais cependant et j'essayais de n'y plus penser. Je m'étendais, je regardais le ciel, je m'efforçais de m'y intéresser. Il devenait vert, c'était le soir. Je faisais encore un effort pour détourner le

---

1. *La Révolution de 1789* : référence à la Révolution française. Entre 1789 et 1799, différents bouleversements politiques ont entraîné une série de décapitations dans la population. Ceux que l'on considérait comme des contre-révolutionnaires étaient amenés sur un échafaud (une estrade surélevée) pour que tous puissent voir leur décapitation par guillotine (instrument qui sert à trancher la tête). C'est le médecin Guillotin qui préconisa cette méthode d'exécution. À l'époque, on la considérait comme efficace et « démocratique », car on ne faisait plus de distinctions de classes sociales pour les supplices.

2. *Exécution retentissante* : selon Bernard Pingaud, il s'agirait d'une référence à l'exécution de Weidmann à Versailles le 16 juin 1939 et à la photographie qui fut publiée – deux jours plus tard – dans le journal *Alger Républicain*, pour lequel Albert Camus travaillait (Bernard PINGAUD, ouvr. cité, p. 45).

cours de mes pensées. J'écoutais mon cœur. Je ne pouvais imaginer que ce bruit qui m'accompagnait depuis si longtemps pût jamais cesser. Je n'ai jamais eu de véritable imagination. J'essayais pourtant de me représenter une certaine seconde où le battement de ce cœur ne se prolongerait plus dans ma tête. Mais en vain. L'aube ou mon pourvoi étaient là. Je finissais par me dire que le plus raisonnable était de ne pas me contraindre.

C'est à l'aube qu'ils venaient, je le savais. En somme, j'ai occupé mes nuits à attendre cette aube. Je n'ai jamais aimé être surpris. Quand il m'arrive quelque chose, je préfère être là. C'est pourquoi j'ai fini par ne plus dormir qu'un peu dans mes journées et, tout le long de mes nuits, j'ai attendu patiemment que la lumière naisse sur la vitre du ciel. Le plus difficile, c'était l'heure douteuse où je savais qu'ils opéraient d'habitude. Passé minuit, j'attendais et je guettais. Jamais mon oreille n'avait perçu tant de bruits, distingué de sons si ténus. Je peux dire, d'ailleurs, que d'une certaine façon j'ai eu de la chance pendant toute cette période, puisque je n'ai jamais entendu de pas. Maman disait souvent qu'on n'est jamais tout à fait malheureux. Je l'approuvais dans ma prison, quand le ciel se colorait et qu'un nouveau jour glissait dans ma cellule. Parce qu'aussi bien, j'aurais pu entendre des pas et mon cœur aurait pu éclater. Même si le moindre glissement me jetait à la porte, même si, l'oreille collée au bois, j'attendais éperdument jusqu'à ce que j'entende ma propre respiration, effrayé de la trouver rauque et si pareille au râle d'un chien, au bout du compte mon cœur n'éclatait pas et j'avais encore gagné vingt-quatre heures.

Pendant tout le jour, il y avait mon pourvoi. Je crois que j'ai tiré le meilleur parti de cette idée. Je calculais mes effets et j'obtenais de mes réflexions le meilleur rendement.

Je prenais toujours la plus mauvaise supposition : mon pourvoi était rejeté. « Eh bien, je mourrai donc. » Plus tôt que d'autres, c'était évident. Mais tout le monde sait que la vie ne vaut pas la peine d'être vécue. Dans le fond, je n'ignorais pas que mourir à trente ans ou à soixante-dix ans importe peu puisque, naturellement, dans les deux cas, d'autres hommes et d'autres femmes vivront, et cela pendant des milliers d'années. Rien n'était plus clair, en somme. C'était toujours moi qui mourrais, que ce soit maintenant ou dans vingt ans. À ce moment, ce qui me gênait un peu dans mon raisonnement, c'était ce bond terrible que je sentais en moi à la pensée de vingt ans de vie à venir. Mais je n'avais qu'à l'étouffer en imaginant ce que seraient mes pensées dans vingt ans quand il me faudrait quand même en venir là. Du moment qu'on meurt, comment et quand, cela n'importe pas, c'était évident. Donc (et le difficile c'était de ne pas perdre de vue tout ce que ce « donc » représentait de raisonnements), donc, je devais accepter le rejet de mon pourvoi.

À ce moment, à ce moment seulement, j'avais pour ainsi dire le droit, je me donnais en quelque sorte la permission d'aborder la deuxième hypothèse : j'étais gracié[1]. L'ennuyeux, c'est qu'il fallait rendre moins fougueux cet élan du sang et du corps qui me piquait les yeux d'une joie insensée. Il fallait que je m'applique à réduire ce cri, à le raisonner. Il fallait que je sois naturel même dans cette hypothèse, pour rendre plus plausible ma résignation dans la première. Quand j'avais réussi, j'avais gagné une heure de calme. Cela, tout de même, était à considérer.

C'est à un semblable moment que j'ai refusé une fois de plus de recevoir l'aumônier. J'étais étendu et je devinais

---

1. *Gracié* : non condamné.

l'approche du soir d'été à une certaine blondeur du ciel.
Je venais de rejeter mon pourvoi et je pouvais sentir les
ondes de mon sang circuler régulièrement en moi. Je
n'avais pas besoin de voir l'aumônier. Pour la première fois
depuis bien longtemps, j'ai pensé à Marie. Il y avait de
longs jours qu'elle ne m'écrivait plus. Ce soir-là, j'ai réfléchi
et je me suis dit qu'elle s'était peut-être fatiguée d'être la
maîtresse d'un condamné à mort. L'idée m'est venue aussi
qu'elle était peut-être malade ou morte. C'était dans l'ordre
des choses. Comment l'aurais-je su puisqu'en dehors de
nos deux corps maintenant séparés, rien ne nous liait et
ne nous rappelait l'un à l'autre. À partir de ce moment,
d'ailleurs, le souvenir de Marie m'aurait été indifférent.
Morte, elle ne m'intéressait plus. Je trouvais cela normal
comme je comprenais très bien que les gens m'oublient
après ma mort. Ils n'avaient plus rien à faire avec moi. Je
ne pouvais même pas dire que cela était dur à penser.

C'est à ce moment précis que l'aumônier est entré.
Quand je l'ai vu, j'ai eu un petit tremblement. Il s'en est
aperçu et m'a dit de ne pas avoir peur. Je lui ai dit qu'il
venait d'habitude à un autre moment. Il m'a répondu que
c'était une visite tout amicale qui n'avait rien à voir avec
mon pourvoi dont il ne savait rien. Il s'est assis sur ma
couchette et m'a invité à me mettre près de lui. J'ai refusé.
Je lui trouvais tout de même un air très doux.

Il est resté un moment assis, les avant-bras sur les
genoux, la tête baissée, à regarder ses mains. Elles étaient
fines et musclées, elles me faisaient penser à deux bêtes
agiles. Il les a frottées lentement l'une contre l'autre.
Puis il est resté ainsi, la tête toujours baissée, pendant si
longtemps que j'ai eu l'impression, un instant, que je
l'avais oublié.

Mais il a relevé brusquement la tête et m'a regardé en face : « Pourquoi, m'a-t-il dit, refusez-vous mes visites ? » J'ai répondu que je ne croyais pas en Dieu. Il a voulu savoir si j'en étais bien sûr et j'ai dit que je n'avais pas à me le demander : cela me paraissait une question sans importance. Il s'est alors renversé en arrière et s'est adossé au mur, les mains à plat sur les cuisses. Presque sans avoir l'air de me parler, il a observé qu'on se croyait sûr, quelquefois, et, en réalité, on ne l'était pas. Je ne disais rien. Il m'a regardé et m'a interrogé : « Qu'en pensez-vous ? » J'ai répondu que c'était possible. En tout cas, je n'étais peut-être pas sûr de ce qui m'intéressait réellement, mais j'étais tout à fait sûr de ce qui ne m'intéressait pas. Et justement, ce dont il me parlait ne m'intéressait pas.

Il a détourné les yeux et, toujours sans changer de position, m'a demandé si je ne parlais pas ainsi par excès de désespoir. Je lui ai expliqué que je n'étais pas désespéré. J'avais seulement peur, c'était bien naturel. « Dieu vous aiderait alors, a-t-il remarqué. Tous ceux que j'ai connus dans votre cas se retournaient vers lui. » J'ai reconnu que c'était leur droit. Cela prouvait aussi qu'ils en avaient le temps. Quant à moi, je ne voulais pas qu'on m'aidât et justement le temps me manquait pour m'intéresser à ce qui ne m'intéressait pas.

À ce moment, ses mains ont eu un geste d'agacement, mais il s'est redressé et a arrangé les plis de sa robe. Quand il a eu fini, il s'est adressé à moi en m'appelant « mon ami » : s'il me parlait ainsi ce n'était pas parce que j'étais condamné à mort ; à son avis, nous étions tous condamnés à mort. Mais je l'ai interrompu en lui disant que ce n'était pas la même chose et que, d'ailleurs, ce ne pouvait être, en aucun cas, une consolation. « Certes, a-t-il approuvé. Mais vous mourrez plus tard si vous ne mourez pas aujourd'hui.

La même question se posera alors. Comment aborderez-vous cette terrible épreuve ? » J'ai répondu que je l'aborde-rais exactement comme je l'abordais en ce moment.

Il s'est levé à ce mot et m'a regardé droit dans les yeux. C'est un jeu que je connaissais bien. Je m'en amusais sou-vent avec Emmanuel ou Céleste et, en général, ils détour-naient leurs yeux. L'aumônier aussi connaissait bien ce jeu, je l'ai tout de suite compris : son regard ne tremblait pas. Et sa voix non plus n'a pas tremblé quand il m'a dit : « N'avez-vous donc aucun espoir et vivez-vous avec la pensée que vous allez mourir tout entier ? — Oui », ai-je répondu.

Alors, il a baissé la tête et s'est rassis. Il m'a dit qu'il me plaignait. Il jugeait cela impossible à supporter pour un homme. Moi, j'ai seulement senti qu'il commençait à m'en-nuyer. Je me suis détourné à mon tour et je suis allé sous la lucarne. Je m'appuyais de l'épaule contre le mur. Sans bien le suivre, j'ai entendu qu'il recommençait à m'inter-roger. Il parlait d'une voix inquiète et pressante. J'ai com-pris qu'il était ému et je l'ai mieux écouté.

Il me disait sa certitude que mon pourvoi serait accepté, mais je portais le poids d'un péché dont il fallait me débarrasser. Selon lui, la justice des hommes n'était rien et la justice de Dieu tout. J'ai remarqué que c'était la première qui m'avait condamné. Il m'a répondu qu'elle n'avait pas, pour autant, lavé mon péché. Je lui ai dit que je ne savais pas ce qu'était un péché. On m'avait seulement appris que j'étais un coupable. J'étais coupable, je payais, on ne pouvait rien me demander de plus. À ce moment, il s'est levé à nouveau et j'ai pensé que dans cette cellule si étroite, s'il voulait remuer, il n'avait pas le choix. Il fallait s'asseoir ou se lever.

J'avais les yeux fixés au sol. Il a fait un pas vers moi et s'est arrêté, comme s'il n'osait avancer. Il regardait le ciel à travers les barreaux. «Vous vous trompez, mon fils, m'a-t-il dit, on pourrait vous demander plus. On vous le demandera peut-être. — Et quoi donc? — On pourrait vous demander de voir. — Voir quoi?»

Le prêtre a regardé tout autour de lui et il a répondu d'une voix que j'ai trouvée soudain très lasse: «Toutes ces pierres suent la douleur, je le sais. Je ne les ai jamais regardées sans angoisse. Mais, du fond du cœur, je sais que les plus misérables d'entre vous ont vu sortir de leur obscurité un visage divin. C'est ce visage qu'on vous demande de voir.»

Je me suis un peu animé. J'ai dit qu'il y avait des mois que je regardais ces murailles. Il n'y avait rien ni personne que je connusse mieux au monde. Peut-être, il y a bien longtemps, y avais-je cherché un visage. Mais ce visage avait la couleur du soleil et la flamme du désir: c'était celui de Marie. Je l'avais cherché en vain. Maintenant, c'était fini. Et dans tous les cas, je n'avais rien vu surgir de cette sueur de pierre.

L'aumônier m'a regardé avec une sorte de tristesse. J'étais maintenant complètement adossé à la muraille et le jour me coulait sur le front. Il a dit quelques mots que je n'ai pas entendus et m'a demandé très vite si je lui permettais de m'embrasser: «Non», ai-je répondu. Il s'est retourné et a marché vers le mur sur lequel il a passé sa main lentement: «Aimez-vous donc cette terre à ce point?» a-t-il murmuré. Je n'ai rien répondu.

Il est resté assez longtemps détourné. Sa présence me pesait et m'agaçait. J'allais lui dire de partir, de me laisser, quand il s'est écrié tout d'un coup avec une sorte d'éclat, en se retournant vers moi: «Non, je ne peux pas vous croire. Je suis sûr qu'il vous est arrivé de souhaiter une autre vie.» Je lui ai répondu que naturellement, mais cela n'avait pas plus d'importance que de souhaiter d'être riche, de nager très vite ou d'avoir une bouche mieux faite. C'était du même ordre. Mais lui m'a arrêté et il voulait savoir comment je voyais cette autre vie. Alors, je lui ai crié : « Une vie où je pourrais me souvenir de celle-ci », et aussitôt je lui ai dit que j'en avais assez. Il voulait encore me parler de Dieu, mais je me suis avancé vers lui et j'ai tenté de lui expliquer une dernière fois qu'il me restait peu de temps. Je ne voulais pas le perdre avec Dieu. Il a essayé de changer de sujet en me demandant pourquoi je l'appelais « monsieur » et non pas « mon père ». Cela m'a énervé et je lui ai répondu qu'il n'était pas mon père : il était avec les autres.

« Non, mon fils, a-t-il dit en mettant la main sur mon épaule. Je suis avec vous. Mais vous ne pouvez pas le savoir parce que vous avez un cœur aveugle. Je prierai pour vous. »

Alors, je ne sais pas pourquoi, il y a quelque chose qui a crevé en moi. Je me suis mis à crier à plein gosier et je l'ai insulté et je lui ai dit de ne pas prier. Je l'avais pris par le collet de sa soutane. Je déversais sur lui tout le fond de mon cœur avec des bondissements mêlés de joie et de colère. Il avait l'air si certain, n'est-ce pas ? Pourtant, aucune de ses certitudes ne valait un cheveu de femme. Il n'était même pas sûr d'être en vie puisqu'il vivait comme un mort. Moi, j'avais l'air d'avoir les mains vides. Mais j'étais sûr de moi, sûr de tout, plus sûr que lui, sûr de ma vie et de cette mort qui allait venir. Oui, je n'avais que cela. Mais du moins, je tenais cette vérité autant qu'elle me tenait. J'avais eu raison, j'avais encore raison, j'avais toujours raison. J'avais vécu de telle façon et j'aurais pu vivre de telle autre. J'avais fait ceci et je n'avais pas fait cela. Je n'avais pas fait telle chose alors que j'avais fait cette autre. Et après ? C'était comme si j'avais attendu pendant tout le temps cette minute et cette petite aube où je serais justifié. Rien, rien n'avait d'im-

portance et je savais bien pourquoi. Lui aussi savait pourquoi. Du fond de mon avenir, pendant toute cette vie
absurde que j'avais menée, un souffle obscur remontait
vers moi à travers des années qui n'étaient pas encore
venues et ce souffle égalisait sur son passage tout ce qu'on
me proposait alors dans les années pas plus réelles que je
vivais. Que m'importaient la mort des autres, l'amour
d'une mère, que m'importaient son Dieu, les vies qu'on
choisit, les destins qu'on élit, puisqu'un seul destin devait
m'élire moi-même et avec moi des milliards de privilégiés
qui, comme lui, se disaient mes frères. Comprenait-il,
comprenait-il donc ? Tout le monde était privilégié. Il n'y
avait que des privilégiés. Les autres aussi, on les condamnerait un jour. Lui aussi, on le condamnerait. Qu'importait
si, accusé de meurtre, il était exécuté pour n'avoir pas
pleuré à l'enterrement de sa mère ? Le chien de Salamano
valait autant que sa femme. La petite femme automatique
était aussi coupable que la Parisienne que Masson avait
épousée ou que Marie qui avait envie que je l'épouse.
Qu'importait que Raymond fût mon copain autant que
Céleste qui valait mieux que lui ? Qu'importait que Marie
donnât aujourd'hui sa bouche à un nouveau Meursault ?
Comprenait-il donc, ce condamné, et que du fond de mon
avenir... J'étouffais en criant tout ceci. Mais, déjà, on
m'arrachait l'aumônier des mains et les gardiens me mena-
çaient. Lui, cependant, les a calmés et m'a regardé un
moment en silence. Il avait les yeux pleins de larmes. Il
s'est détourné et il a disparu.

Lui parti, j'ai retrouvé le calme. J'étais épuisé et je me
suis jeté sur ma couchette. Je crois que j'ai dormi parce que
je me suis réveillé avec des étoiles sur le visage. Des bruits
de campagne montaient jusqu'à moi. Des odeurs de nuit,
de terre et de sel rafraîchissaient mes tempes. La merveil-
leuse paix de cet été endormi entrait en moi comme une

marée. À ce moment, et à la limite de la nuit, des sirènes ont hurlé. Elles annonçaient des départs pour un monde qui maintenant m'était à jamais indifférent. Pour la première fois depuis bien longtemps, j'ai pensé à maman. Il m'a semblé que je comprenais pourquoi à la fin d'une vie elle avait pris un «fiancé», pourquoi elle avait joué à recommencer. Là-bas, là-bas aussi, autour de cet asile où des vies s'éteignaient, le soir était comme une trêve mélancolique. Si près de la mort, maman devait s'y sentir libérée et prête à tout revivre. Personne, personne n'avait le droit de pleurer sur elle. Et moi aussi, je me suis senti prêt à tout revivre. Comme si cette grande colère m'avait purgé du mal, vidé d'espoir, devant cette nuit chargée de signes et d'étoiles, je m'ouvrais pour la première fois à la tendre indifférence du monde. De l'éprouver si pareil à moi, si fraternel enfin, j'ai senti que j'avais été heureux, et que je l'étais encore. Pour que tout soit consommé, pour que je me sente moins seul, il me restait à souhaiter qu'il y ait beaucoup de spectateurs le jour de mon exécution et qu'ils m'accueillent avec des cris de haine.

Médiagraphie

Principaux titres d'Albert Camus

L'envers et l'endroit (1937), essai

Noces (1939), ensemble d'essais

Le mythe de Sisyphe (1942), essai

L'étranger (1942), roman

Caligula (1944), théâtre

Le malentendu (1944), théâtre

La peste, roman

L'état de siège (1948), théâtre

Les justes (1949), théâtre

Actuelles I, Chroniques 1944-1948 (1950)

L'homme révolté (1951), essai

Actuelles II, Chroniques 1948-1953 (1953)

L'été (1954), essai

La chute (1956), roman

L'exil et le royaume, nouvelles

« Réflexions sur la guillotine », dans *Réflexions sur la peine capitale* (avec Arthur Koestler) (1957)

Discours de Suède, ensemble des discours prononcés lors de la réception du prix Nobel de littérature (1958)

Actuelles III, Chroniques algériennes, 1939-1958 (1958)

Publications posthumes

Carnets I, mai 1935-février 1942 (1962)

Carnets II, janvier 1942-mars 1951 (1964)

Carnets III, mars 1951-décembre 1959 (1989)

Journaux de voyage (1978)

Correspondance Albert Camus, Jean Grenier, correspondance 1932-1960 (1981)

Le premier homme (1994), roman inachevé

Ouvrages de référence

LÉVI-VALENSI, Jacqueline (direction). *Albert Camus, Œuvres complètes I (1931-1944)*, Paris, Gallimard, La Pléiade, 2006, 1477 p.

LÉVI-VALENSI, Jacqueline (direction). *Albert Camus, Œuvres complètes II* (1944-1948), Paris, Gallimard, La Pléiade, 2006, 1407 p.

Essais portant sur L'étranger

BAGOT, Françoise. *Albert Camus*, L'étranger, Paris, PUF, Études littéraires, 1993, 126 p.

CASTEX, Pierre-Georges. *Albert Camus et* L'étranger, Paris, Librairie José Corti, 1965, 124 p.

FITCH, Brian T. L'étranger *d'Albert Camus*, un texte, ses lecteurs, leurs lectures, Paris, Librairie Larousse, 1972, 174 p.

PINGAUD, Bernard. L'étranger *d'Albert Camus*, Paris, Gallimard, Folio, 1992, 216 p.

Recueil de critiques

Sur les œuvres d'Albert Camus

LÉVI-VALENSI, Jacqueline (présentation). *Les critiques de notre temps et Camus*, Paris, Garnier, 1970, 182 p.

Sur la question algérienne

AGERON, Charles-Robert. *Histoire de l'Algérie contemporaine*, 10e éd., Paris, PUF, Que sais-je?, 1994 [1964], 125 p.

BOURDIEU, Pierre. *Sociologie de l'Algérie*, Paris, PUF, Que sais-je?, 1985 [1958], 127 p.

HARBI, Mohammed, Benjamin STORA et autres. *La guerre d'Algérie*, Paris, Hachette Littératures, Pluriel, 2008, 1039 p.

MEMMI, Albert. *Portrait du colonisé. Portrait du colonisateur*, Paris, Gallimard, Folio actuel, 2008 [1957 pour les Éditions Corréa], 161 p.

SPIQUEL, Agnès. Albert Camus et l'Algérie, site de la Ligue des droits de l'homme, section Toulon, www.ldh-toulon.net, consulté le 20 juin 2011.

STORA, Benjamin. Histoire de l'Algérie coloniale (1830-1954), nouv. éd., Paris, La Découverte, 2008, 124 p.

STORA, Benjamin. Histoire de la guerre d'Algérie (1954-1962), 4e éd., Paris, La Découverte, 2004, 122 p.

YEDES, Ali. Camus l'Algérien, Paris, L'Harmattan, Espaces Littéraires, 2003, 272 p.

Sur la vie de Camus

GRENIER, Roger. Albert Camus, soleil et ombre, Paris, Gallimard, Folio, 1991 [1987], 409 p.

LEBESQUE, Morvan. Camus par lui-même, Paris, Seuil, Écrivains de toujours, 1963, 187 p.

LOTTMAN, Herbert R. Albert Camus, Paris, Seuil, Points, 1985 [1978], 686 p.

TODD, Olivier. Albert Camus, une vie, Paris, Gallimard, Biographies, 1999, 855 p.

Site Internet

La société des études camusiennes, www.etudes-camusiennes.fr/wordpress.

Numéro spécial

«CAMUS, L'écriture, la révolte, la nostalgie», Paris, Le Figaro, hors-série, 2009, 114 p.

Dictionnaire

GUÉRIN, Jeanyves (sous la direction de). Dictionnaire Albert Camus, Paris, Robert Laffont, Bouquins, 2009, 974 p.

Essais généraux

BARTHES, Roland. Le degré zéro de l'écriture, Paris, Seuil, Points, 1972, 187 p.

SARTRE, Jean-Paul. L'existentialisme est un humanisme, Paris, Gallimard, Folio, 1999, 108 p.

Dans l'optique de préserver nos forêts, tous les titres de la *Collection Littérature* sont imprimés sur du papier 100 % recyclé.

Réduire son empreinte écologique, voilà une marque de qualité.